Retrouvez **Valère Corréard**
dans son magazine « Des idées pour demain »
tous les samedis de l'été 2018 à 16 h
sur France Inter, puis en podcast
sur le site www.franceinter.fr

Une coédition Rue de l'échiquier / France Inter

www.franceinter.fr

12, rue du Moulin-Joly, 75011 Paris
www.ruedelechiquier.net
ISBN : 978-2-37425-062-5
Dépôt légal : avril 2018
Deuxième édition

LE GUIDE PRATIQUE POUR RÉUSSIR SA TRANSITION

CHANGER D'ÈRE L'AIR DE RIEN

VALÈRE CORRÉARD

ILLUSTRÉ PAR NAT MIKLES

Rue de l'échiquier

SOMMAIRE

PRÉFACE

Discret et travailleur, Valère Corréard est une personne qui ne laisse pas indifférent. Sa détermination et sa générosité cachent à peine un homme dont le parcours n'est pas lisse, qui est passé par l'école de la (vraie) vie. Rien d'étonnant qu'il fasse de son métier la recherche de solutions !

Dans cet ouvrage, Valère évite le piège de la culpabilisation en préférant la force de proposition. Extrêmement documenté, riche en thèmes abordés, pragmatique, *Changer d'ère, l'air de rien. Le Guide pratique pour réussir sa transition* apporte une réponse à nos questionnements, voire à nos doutes quotidiens. Il permet à chacun de progresser à son rythme, en fonction de sa propre situation.

Sa signature est bien là : rendre accessible des sujets qui partent d'enjeux souvent techniques, parler au plus grand nombre, ne pas se prendre au sérieux, même quand le sujet l'est au plus haut point.

Ce livre n'est pas un manuel du parfait bobo. Il s'impose comme un guide indispensable dans un monde qui ne peut échapper à la transition.

Il dessine la perspective d'un avenir raisonnable pour un bien-être durable. Que Valère soit remercié pour cette initiative qui offre l'éclairage attendu. Maintenant, à chacun de décider !

Allain Bougrain-Dubourg

Président de la Ligue pour la protection des oiseaux (LPO),
journaliste et producteur

AVANT-PROPOS

Tout serait donc joué d'avance.

Que pourrions-nous faire face aux grands enjeux du siècle ? Tout ça nous dépasse...

Et puis, ce sont les États, les élus, les industriels et les lobbys qui ont les clés du système, ce sont eux les vrais responsables... La vie est déjà assez compliquée comme ça...

Voici quelques raisonnements (légitimes) qui ont nourri cette idée un peu folle, il y a trois ans, d'écrire un guide sérieux et accessible pour celles et ceux qui ne se résignent pas. Et même pour les autres !

L'être humain s'adapte, mais il sait aussi entrer en résistance quand il s'agit de sa survie. Nous en sommes là. Les enjeux auxquels l'humanité fait face sont colossaux, les effets ne sont plus abstraits, ils sont bien présents, ici comme là-bas. À ma petite échelle, bien informé de ces sujets par mon métier, j'ai eu envie d'apporter ma contribution.

Ma profession de journaliste m'a naturellement conduit à tenter l'expérience. Le terrain de jeu serait ma propre vie : en tant qu'individu, pourrais-je changer mes habitudes ? Mieux manger, moins jeter, rendre l'air moins irrespirable, ne plus participer au dérèglement climatique, mieux consommer, retrouver ce temps perdu et être un citoyen plus actif. Tout un programme !

Trois ans plus tard, j'ai gagné des parcelles de liberté en étant plus centré sur l'essentiel. J'ai le sentiment d'avoir repris le contrôle de ma vie en étant mieux informé des enjeux, mais aussi des solutions que les milliers d'acteurs du changement s'évertuent à développer jour après jour.

Je dépense moins d'argent inutilement, j'ai plus de temps disponible, je me sens plus en phase avec mes valeurs, je suis en meilleure santé.

Vous tenez entre vos mains le fruit de cette expérience. J'ai voulu la retranscrire avec rigueur journalistique, enthousiasme, sans culpabiliser ni faire la morale. Pour que chacun soit libre de faire ses choix et, peut-être, participer à changer d'ère, l'air de rien.

Valère Corréard

CHAPITRE 1

MANGER SAIN ET CONSOMMER RESPONSABLE

POUR VOTRE SANTÉ ET CELLE DE LA PLANÈTE

KIT DE SURVIE

1. MANGER BIO, C'EST BON POUR VOUS… ET L'ENVIRONNEMENT
2. DE LA VIANDE, SI VOUS VOULEZ, MAIS EN QUANTITÉ RAISONNABLE
3. 33 % DE NOS ALIMENTS FINISSENT À LA POUBELLE… NON AU GASPILLAGE !

Chaque jour, nous mangeons trois à quatre fois selon notre âge, nos envies, nos besoins. Cela représente 1 095 à 1 465 repas par an et par personne, ou encore près de 86 milliards de repas chaque année rien qu'en France. Manger est vital, mais nos choix alimentaires ont des effets significatifs.

D'abord sur notre santé. « Que ton alimentation soit ta première médecine » : la thèse d'Hippocrate (ve siècle avant notre ère) est toujours d'actualité. Mais aussi sur la planète, car nos habitudes alimentaires ne sont pas sans conséquences : surproduction, surconsommation, gaspillage, émissions de gaz à effet de serre... La liste est longue !

NOS PLATS CUISINÉS SONT GARANTIS 100% DÉLICIEUX AVEC QUE DES BONNES CHOSES DEDANS
Mais bien sûr ! ... Ils croient qu'ils vont nous faire avaler ça ?
UN NOUVEAU SCANDALE DE MALTRAITANCE ANIMALE ... LE DIRECTEUR D'UN ABATTOIR ACCUSÉ D'AVOIR FAIT DES COCHONNERIES
Dans quel monde vit-on ?!
C'EST DANS CET ENTREPÔT, GRAND COMME 18 TERRAINS DE HANDBALL, QUE 7/10e DES OEUFS NÉERLANDAIS SONT PRODUITS.
Oh lala
PFFF...
À LA NAISSANCE, TOUS LES POUSSINS MÂLES TROP TROP MIGNONS SONT SYSTÉMATIQUEMENT BROYÉS DANS
CHIPS
Oh nooon
Comment peut-on montrer des choses pareilles ?!
CROUNCH
CROUNCH
CROUNCH
MORATOIRE SUR LES OGM ... APRÈS CONCERTATION À HUIS CLOS, LES EXPERTS DILIGENTÉS PAR LES INDUSTRIELS DE L'AGRO-ALIMENTAIRE SONT FORMELS ...
Oh non pas eux...
Bonne nouvelle ...
Il n'y a apparemment aucun risque à court terme pour la santé.
Et si je puis me permettre, nous vendons aussi des médicaments.

L'AGRO-ÉCOLOGIE N'EST PAS UNE SOLUTION... COMMENT CROYEZ-VOUS QU'ON VA NOURRIR 9 MILLIARDS D'INDIVIDUS EN 2050 ?
Quelle indécence...
GRAT
GRAT
PIZZA
Commençons par arrêter de gaspiller la nourriture...
D'empoisonner les gens, d'appauvrir les sols, d'éliminer les insectes...
Faut pas pousser !
Et puis on parle toujours des fraise en hiver...
Zou !
Mais les brocolis en été, c'est normal peut être ?
PFFF... lâchez-moi la grappe
Et la matière fécale dans les gâteaux au chocolat ?
Écoutez... je ne vois pas où est le problème...
Dis donc chéri, au lieu de râler, tu veux pas plutôt aller faire des courses ?
Rhâââ... OK !
On a besoin de quoi ?
Entre 2000 et 2500 kilocalories par jour et par personne...
Glucides, lipides, protéins, fibres...
N'oublie pas les vitamine et les oméga 3 et 6...
Et pas besoin de racheter de sucre...
Bien chérie

LES BASES D'UNE ALIMENTATION DURABLE

Pour bien se nourrir, encore faut-il savoir se repérer dans l'offre qui nous est faite par les producteurs, les distributeurs, les commerçants... Quelques explications de base ne seront pas de trop !

Alors que les récents scandales qui ont touché l'alimentation industrielle montrent les limites de ce système, beaucoup de (fausses) croyances perdurent autour de l'alimentation. Parmi celles-ci, l'idée que bien manger coûte cher. En réalité, tout dépend de ce que l'on met dans son assiette et du temps que l'on consacre à la préparation des repas.

Si une famille de quatre personnes diminuait sa consommation de viande (– **31 %**), de poisson sauvage (– **40 %**), de produits transformés (– **69 %**), de produits à base de farine blanche raffinée (**– 46 %**) au profit de la farine complète, tout en augmentant la part des légumes, céréales et légumineuses (**95 %**), il serait possible de baisser le coût du panier de **21 %**, et donc d'y insérer **50 %** d'aliments certifiés (bio, Label Rouge et MSC). À noter que le bilan carbone de l'alimentation de cette famille serait diminué de **38 %.**

Source : WWF et ECO2 Initiative, « Vers une alimentation bas carbone, saine et responsable », 2017

Des petits gestes qui, accompagnés d'une prise de conscience de notre relation aux aliments, peuvent avoir de grands effets et tout changer, des champs à l'assiette.

L'AGRICULTURE BIOLOGIQUE

« L'agriculture biologique est un mode de production et de transformation respectueux de l'environnement, du bien-être animal et de la biodiversité, qui apporte des solutions face au changement climatique.

Les aliments bio sont produits à partir d'ingrédients cultivés sans produits chimiques de synthèse et sans OGM (organismes génétiquement modifiés). Ils ne contiennent ni exhausteurs de goût, ni colorants, ni arômes chimiques de synthèse. L'utilisation d'additifs est très fortement limitée.

Le mode d'élevage biologique est fondé sur le respect du bien-être animal. Les animaux disposent obligatoirement d'un accès au plein air et d'espace. Ils sont nourris avec des aliments bio, principalement issus de la ferme, et sont soignés en priorité avec des médecines douces. »

Source : Agence bio, www.agencebio.org

LES CIRCUITS COURTS ET DE PROXIMITÉ

« Un circuit court est un mode de commercialisation des produits agricoles qui s'exerce soit par la vente directe du producteur au consommateur, soit par la vente indirecte, à condition qu'il n'y ait qu'un seul intermédiaire. »

Source : ministère de l'Agriculture et de l'Alimentation

Cette définition officielle ne fixe pas de distance à respecter. En revanche, la notion de circuit de proximité l'intègre, avec des distances comprises entre **80** et **250 km**. En résumé : un seul intermédiaire et une distance « raisonnable ».

LE COMMERCE ÉQUITABLE

« Le commerce équitable est un partenariat commercial, fondé sur le dialogue, la transparence et le respect, dont l'objectif est de parvenir à une plus grande équité dans le commerce mondial. Il contribue au développement durable en offrant de meilleures conditions commerciales et en garantissant les droits des producteurs et des travailleurs marginalisés, tout particulièrement au sud de la planète. »

Source : commerceequitable.org

CINQUANTE NUANCES DE BIO

De l'Eurofeuille à la marque AB en passant par Nature et Progrès, Demeter, Bio Cohérence... Tour d'horizon des principaux labels bio et de leurs garanties variables, qui riment parfois avec flou artistique pour les consommateurs.

LA BASE : LE LOGO EUROPÉEN « EUROFEUILLE »

- Obligatoire depuis juillet 2010 sur les produits préemballés, facultatif pour les produits importés.
- Pas de pesticides, d'engrais de synthèse ni de traitements chimiques après récolte.
- **100 %** d'ingrédients bio, ou au moins **95 %** de produits agricoles bio pour les produits transformés si la part restante n'est pas disponible en bio et est expressément autorisée.
- Tolérance d'une contamination par les OGM à hauteur de **0,9 %** pour les produits transformés.
- Sur les produits doivent apparaître le numéro d'agrément de l'organisme de certification et le lieu de production des matières premières agricoles composant le produit sous la forme « Agriculture UE », « Agriculture non UE » ou « Agriculture UE/non UE ».
- Certification par des organismes indépendants (Aclave, Ecocert, Agrocert...).

LA MARQUE AB : FACULTATIVE

- Mêmes garanties que l'Eurofeuille, peut le compléter et est encore utilisé pour sa notoriété.
- En restauration, seule cette marque AB peut être utilisée : cahier des charges national.
- Certification automatiquement attribuée aux producteurs certifiés par le label européen.

LES GARANTIES PRIVÉES

BIO COHÉRENCE : ENCORE PLUS BIO

- Créé en 2009 par un groupe de producteurs insatisfaits des critères du label européen.
- Pas de pesticides, d'engrais de synthèse ni de traitements chimiques après récolte.
- La certification officielle européenne bio est un prérequis.
- Cahier des charges complémentaire et plus strict : fermes 100 % bio, seuil minimum de contamination

par les OGM limité à **0,1 %**, mixité des produits bio/non bio interdite, alimentation des herbivores produite à **80 %** sur la ferme...
• Certification par des organismes indépendants.

NATURE ET PROGRÈS : AGRICULTURE BIO PAYSANNE

• N'exige pas la certification AB.
• Pas de pesticides, d'engrais de synthèse ni de traitements chimiques après récolte.
• Prône un « modèle agricole alternatif à l'agro-industrie, à même de préserver la fertilité naturelle des sols, d'assurer l'autonomie des paysans et une alimentation saine à portée de tous ».
• Interdit notamment l'huile de palme, contrairement aux autres labels, interdit aussi les traces d'OGM et la mixité.
• Certification par un système participatif de garantie.

DEMETER : AGRICULTURE BIODYNAMIQUE

• S'applique à des produits issus d'exploitations AB.
• Pas de pesticides, d'engrais de synthèse ni de traitements chimiques après récolte.
• Les exploitations appliquent les principes de la biodynamie, basée sur des pratiques agricoles durables, comme le recyclage de la matière organique de l'exploitation dans le sol par l'utilisation du fumier, du lisier et des déchets...
• Pas de mixité ni de traces d'OGM.
• Les composés doivent inclure au moins 90 % d'aliments déjà certifiés Demeter.
• Certification : la première année par l'association Demeter, puis par des organismes indépendants.

ÉVITONS LA CONFUSION... AVEC LES PARTENAIRES ÉQUITABLES

• **BIO PARTENAIRE :** produits à la fois bio et issus du commerce équitable : les structures qui s'engagent dans ce label garantissent aux producteurs un juste revenu par le biais de contrats.

• **LE LABEL FAIRTRADE/MAX HAVELAAR :** ne signifie pas bio, mais on peut le retrouver en complément sur des produits AB. Il assure un juste revenu aux producteurs qui s'engagent à ne pas utiliser de pesticides dangereux ni d'OGM.

• **ENSEMBLE, SOLIDAIRES :** garantie interne aux magasins Biocoop pour des produits 100 % bio. Selon Biocoop, elle assure une rémunération juste aux producteurs, pour un commerce plus solidaire et concerne des produits français (non importés).

Éditorial : ID, www.linfodurable.fr
Sources : Agence bio, natura-sciences.com

Le saviez-vous ?

Dans les quinze jours précédant une enquête réalisée en 2016 :

- **96 %** des personnes interrogées avaient fait leurs courses alimentaires au moins une fois dans une grande ou moyenne surface ;
- **52 %** étaient allées au marché ;
- **24 %** avaient effectué leurs achats directement auprès d'un producteur ;
- **11 %** avaient utilisé un système d'approvisionnement local (paniers bio, association pour le maintien d'une agriculture paysanne [Amap], etc.).

Source : Commissariat général au développement durable, « Les Français et la consommation responsable. Vers des achats plus respectueux de l'environnement ? », mars 2017

LE BIO PREND SES AISES

En 2016, **69 %** des Français avaient consommé au moins une fois par mois des produits biologiques et **15 %** en avaient consommé une fois par jour ! Leurs motivations pour manger bio étaient : la santé (**66 %**), l'environnement (**58 %**) et la qualité/le goût (**56 %**).

- **73 %** des Français attendent une offre de produits bio alimentaires élargie dans les grandes et moyennes surfaces, mais aussi sur les marchés (**48 %**) et à la ferme (**33 %**).
- 7 milliards d'euros de ventes de produits bio alimentaires ont été générés en 2016 (**+ 20 %** par rapport à 2015).

Source : www.mescoursespourlaplanète.com, « Les chiffres de la consommation responsable », 2017

Top cinq des produits bio

1. **Fruits et légumes**
2. **Produits laitiers**
3. **Œufs**
4. **Épicerie**
5. **Viande**

Source : Agence bio et CSA, « Baromètre de consommation et de perception des produits biologiques en France », 2017

CIRCUITS COURTS : RETOUR VERS LE FUTUR !

Faire ses courses à la ferme, sur un marché local, « en vente directe », n'a rien de révolutionnaire. Il s'agissait de la seule manière de faire ses emplettes avant l'arrivée des distributeurs et de la consommation de masse. Des pratiques qui favorisent la transparence et le contact humain, et qui semblent de nouveau séduire les consommateurs.

En 2010, **21 %** des producteurs vendaient au moins une partie de leur production en circuit court.

Et **10 %** des exploitants en circuit court pratiquaient une agriculture biologique, soit cinq fois plus que dans les circuits traditionnels.

Dans une enquête menée par l'Inra en 2016, **42 %** des Français déclarent avoir acheté au moins un produit en circuit court dans le mois précédant leur réponse.

Source : Inra, « Les Circuits courts rapprochent les producteurs des consommateurs », 2016

Top cinq des points de vente en circuits courts

(fréquentation)

Marchés de plein vent : 37 %
Fermes : 16 %
Magasins de producteurs : 9 %
Marchés de producteurs : 9 %
Petits commerçants : 8 %
Autres : 21 %

Source : Gret, « La consommation alimentaire en circuit court : enquête nationale. Programme Codia, Circuits courts en Europe : opportunités commerciales et dialogue avec la société », juin 2013

PENDANT CE TEMPS… LE GRAND GASPI EST EN MARCHE !

Chaque année, un tiers des aliments produits dans le monde ne sont finalement jamais consommés.

En France, le gaspillage alimentaire représente **10 millions de tonnes** par an. Cela équivaut à **18 milliards** de repas qui finissent chaque année à la poubelle ! À l'échelle d'un foyer, le gaspillage représente 29 kg par an et par personne (dont 7 kg de produits emballés !).

Source : Ademe

À CHAQUE ÉTAPE, LE GASPI

- **Production : 32 %** de la part du gaspillage alimentaire, dont les fruits et légumes trop « moches » pour être présentés aux consommateurs et les surplus agricoles invendus.
- **Transformation : 21 %** des aliments gaspillés, en raison de problèmes de

conditionnement ou de procédures de paquetage.

- **Distribution: 14 %** de pertes, liées aux produits invendus avant la date de péremption ou abîmés lors de diverses manipulations.
- **Consommation: 33 %** de nos aliments finissent à la poubelle – date de péremption dépassée, plats trop copieux chez les particuliers, mais aussi en restauration collective et classique.

LES CONSÉQUENCES DU GASPILLAGE ALIMENTAIRE

- **Un scandale :** un milliard d'êtres humains souffrent de la faim ou de malnutrition dans le monde ! En France, une personne sur dix est en situation de précarité alimentaire…
- **Un coup dur pour la planète :** gaspiller de la nourriture, c'est gaspiller de l'eau, de l'énergie, des ressources, émettre des gaz à effet de serre pour rien !
- **Un gaspillage financier :** 160 euros par an et par personne en France !

Source : Ademe

LES « VICTIMES » DU GASPILLAGE EN %

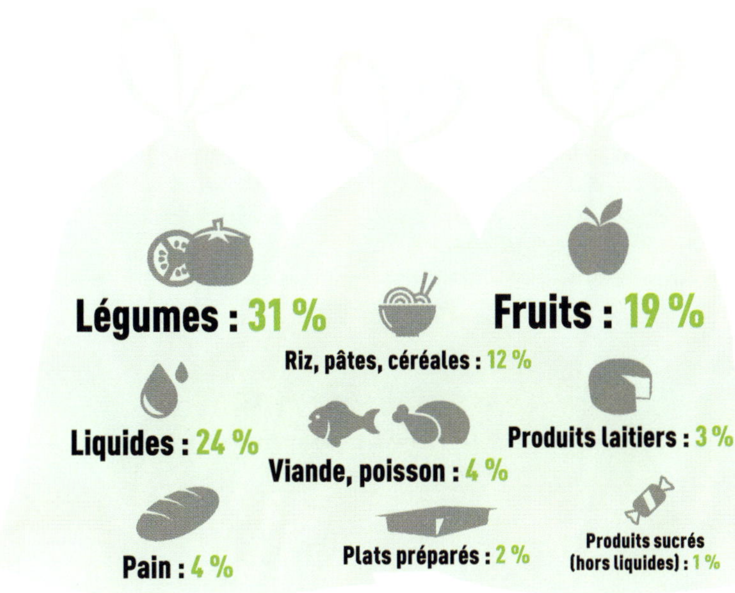

Source : Ademe, « Opération foyers témoins pour estimer les impacts du gaspillage alimentaire des ménages », octobre 2014

ATTENTION, ÇA CHAUFFE DANS NOS ASSIETTES !

Nos habitudes alimentaires ont des conséquences sur la planète.

L'empreinte carbone des Français est calculée selon cinq grands postes de consommation.

- **Le logement** (3,1 tonnes équivalent CO_2 par personne)
- **Les transports de personnes** (3 tonnes équivalent CO_2 par personne)
- **Les biens et services marchands** (2,2 tonnes équivalent CO_2 par personne)
- **L'alimentation** (1,8 tonne équivalent CO_2 par personne)
- **Les services publics** (1 tonne équivalent CO_2 par personne)

Source : Service de la donnée et des études statistiques du ministère de la Transition écologique et solidaire, août 2017

L'EMPREINTE CARBONE, QU'EST-CE QUE C'EST ?

C'est un indicateur destiné à caractériser la pression exercée par une population en termes d'émissions de gaz à effet de serre et en fonction de son niveau de vie. L'empreinte carbone couvre à la fois les émissions directes de cette population et les émissions indirectes, liées à la production et au transport des biens et services qu'elle consomme, que ceux-ci soient produits en France ou à l'étranger.

Source : ministère de la Transition écologique et solidaire

Protéines : il n'y a pas que la viande

Émissions en grammes équivalent CO_2 pour 1 kg de produit

Agneau : 33 037 – Bœuf : 28 663
Porc : 5 926 – Poulet : 4 184
Truite d'élevage : 2 980
Pâtes : 1 522 – Lentilles : 924
Petits pois locaux de saison : 261

Source : écocalculateur de l'association Bon pour le climat, www.bonpourleclimat.org

En partenariat avec

l'éléphant

la revue de culture générale

QUIZ

1/ La culture des légumineuses augmente les émissions de gaz à effet de serre :

❑ Vrai
❑ Faux

2/ Qu'est-ce qu'une Amap ?

❑ Une association pour manger des aliments précuits
❑ Une association pour le maintien d'une agriculture paysanne
❑ L'amicale de la meilleure alimentation possible
❑ Une association de modération de l'alimentation produite

3/ Citation : Dans quelle œuvre trouve-t-on la phrase : « Il faut manger pour vivre et non pas vivre pour manger. »

❑ *Boule de suif* de Guy de Maupassant
❑ *L'Avare* de Molière
❑ *Gargantua* de Rabelais
❑ *Cuisine petit budget* de Cyril Lignac

QUEL CONSOMMATEUR ÊTES-VOUS ?

Vous mangez de la viande…

▲ Tous les jours ■ Au moins deux fois par semaine ● Jamais ou rarement

Selon un sondage de Mediaprism pour l'ONG GoodPlanet en 2015, les Français affirment manger moins de viande qu'avant. Mais ce changement est dû à des raisons économiques et non climatiques. Pourtant, la consommation de viande est responsable de 50 % des émissions de gaz à effet de serre dues à l'alimentation.

Demander un « gourmet bag » avec les restes de votre plat au restaurant, cela vous semble…

● Normal, utile et vous le faites ■ Normal. Si vous ne le faites pas, c'est que vous n'y pensez pas ou finissez toujours votre assiette ▲ Embarrassant pour votre image, voire déplacé

Selon la Commission européenne, les restaurants génèrent chaque année 14 % des déchets alimentaires.

Vous mangez bio...

● Souvent, pour de nombreux produits ■ De temps en temps, car vous ne trouvez pas vos produits préférés, ou parce que c'est trop cher ▲ Pour l'instant, jamais ou presque jamais

Selon un sondage de 2016 de l'Agence bio, 89 % des Français consomment des produits labéllisés bio, au moins occasionnellement. Ils n'étaient que 54 % en 2003. La consommation de ces produits a augmenté de 21,7 % en 2016. Elle représenterait ainsi 3,5 % du marché alimentaire à domicile.

Vous faites attention à la provenance des aliments que vous achetez…

● Souvent ou toujours ■ Parfois, mais ce n'est pas ce qui détermine au final votre achat ▲ Pas du tout, c'est un critère que vous ne prenez pas en compte

Selon une étude Ethicity/GreenFlex (en partenariat avec l'Ademe) de 2016, le local s'impose pour les Français comme un label du produit responsable. Acheter local est un acte d'engagement et rassure aussi sur les questions de santé. De manière plus générale, on peut percevoir une reconnexion au sol qui passe aussi par la consommation de produits de saison, etc.

QUIZ. 1/ Faux ! Les plantes légumineuses jouent un rôle très important dans l'atténuation des émissions de gaz à effet de serre, car elles peuvent capter l'azote de l'air. **2/** Une association pour le maintien d'une agriculture paysanne. Une Amap est le résultat d'une association entre un producteur local (en général, une ferme) et un groupe de consommateurs. Chaque semaine, le producteur met à disposition un panier contenant des légumes et des fruits, que le consommateur s'engage à payer à l'avance. **3/** *L'Avare* de Molière. **QUEL CONSOMMATEUR ÊTES-VOUS ?** Si vous avez obtenu un maximum de ●, vous êtes un CR, un consommateur responsable. Lorsque vous mangez, vous pensez aussi un peu aux ours polaires. Quelque part, un ours polaire pense aussi à vous. Si vous avez obtenu un maximum de ■, vous êtes un CVR, un consommateur en voie de responsabilisation. Peu à peu, vous intégrez à votre alimentation des produits locaux, biologiques et générant moins d'effets de serre. Si vous avez obtenu un maximum de ▲, vous êtes un CVDP, un consommateur en voie de destruction de la planète. Plus sérieusement, vous ne portez pas (pas encore ?) trop les questions environnementales jusque dans votre assiette. Et si vous alliez faire un tour au marché dimanche ? On vous y attend…

MIEUX MANGER, UNE AMBITION PARTAGÉE

Pour un tiers des Français, le critère principal pour un achat alimentaire est le prix. Pour un autre tiers, c'est la qualité.

Le saviez-vous ?

• Pour **16%** des consommateurs, la provenance du produit est un critère important.

• Pour **39%** des personnes interrogées, le principal frein à l'achat des produits bio est le prix.

• **57%** des Français se disent prêts à payer plus cher pour consommer des produits bio, mais un quart des personnes interrogées expriment de la défiance vis-à-vis de la qualité de ces produits.

Source : Commissariat général au développement durable, « Les Français et la consommation responsable. Vers des achats plus respectueux de l'environnement », mars 2017

MANGER BIO, C'EST BON POUR LA SANTÉ ET LA PLANÈTE !

Pour la santé

• Intérêt nutritionnel supérieur (polyphénols, acides gras oméga-3, acides gras polyinsaturés, etc.).

• Diminution du risque de maladies allergiques et d'eczéma, notamment chez les enfants, lorsque la mère a mangé bio pendant sa grossesse et que les enfants ont fréquemment mangé bio dès le plus jeune âge. Ce n'est pas tout : les risques de prééclampsie (une pathologie obstétricale dangereuse) diminuent également.

- Baisse d'un tiers du risque d'obésité chez l'adulte.

- Diminution des risques de diabète, de leucémie et de maladie de Parkinson chez les producteurs.

- Réduction des risques liés à l'utilisation d'insecticides, notamment sur le système cognitif des enfants en bas âge.

- Concentration plus élevée de composés phénoliques diminuant les risques d'accident cardiovasculaire.

- Teneur en vitamine C plus importante.

- Limitation de la résistance aux antibiotiques.

- 69 % d'antioxydants en plus dans les fruits et légumes : leur consommation aide l'organisme à mieux lutter contre le vieillissement et des pathologies comme le cancer.

Pour la planète

- Fertilité des sols, qualité de l'eau et climat : prohiber les pesticides rend les sols plus riches en matières organiques et ainsi plus stables, poreux et résistants à la sécheresse. Par ailleurs, non seulement cette pratique préserve la faune et la flore marines, et par conséquent la qualité des eaux, mais elle permet aussi de limiter les émissions de CO_2, qui ont un impact sur le changement climatique.

- Préservation de la biodiversité par le respect des cycles naturels et l'interdiction des pesticides de synthèse.

REPRENDRE LE CONTRÔLE DE LA CHAÎNE ALIMENTAIRE

On ne compte plus les scandales sanitaires qui ont marqué ces dernières décennies : crise de la vache « folle », grippe aviaire (volaille), fièvre aphteuse (porc), affaire des lasagnes à la viande de cheval… Autant d'occasions de prendre conscience que l'agriculture intensive et industrielle héritée des Trente Glorieuses a vécu.

Sources : Agence bio, www.agencebio.org ; *Environmental Health*, 27 octobre 2017

LES CIRCUITS DE PROXIMITÉ

Face à cette situation, acheter ses aliments en circuits courts a plusieurs avantages :

- **La transparence :** les circuits de proximité préviennent la multiplication des intermédiaires et, par la même occasion, l'incertitude sur la provenance ou les conditions de production des produits.

- **Un interlocuteur humain :** le producteur est identifié, humanisé et la relation commerciale n'est plus la même.

- **Une rétribution équitable des producteurs** pour un prix raisonnable : puisque l'agriculteur fixe son « juste prix », vous êtes certain de lui assurer un niveau de vie décent et de payer un prix correct. Un point important, puisqu'en 1970, la France comptait **1 600 000** exploitations agricoles. Il en reste environ **350 000**… En 2016, plus de la moitié des exploitants gagnaient environ **354 euros** par mois (selon la Mutuelle sociale agricole).

- **La qualité des produits :** le producteur est en contact direct avec la clientèle, ce qui favorise la charte de qualité, mais aussi de fraîcheur. Normal, le temps de transport est réduit !

Attention : circuit court ne signifie pas automatiquement qualité, mais cela favorise la qualité des aliments, compte tenu de la démarche des producteurs, qui sont en relation directe avec les consommateurs.

MOINS DE VIANDE, DES FRUITS ET LÉGUMES DE SAISON : LE CHEMIN DE LA RAISON

Il n'y a, en principe, pas de tomates toute l'année, pas plus que d'avocats, d'ananas ou encore de raisins au mois de juin… À moins que ces denrées soient importées de plus ou moins loin, avec des conséquences évidentes sur le bilan carbone et le prix, pour une qualité généralement médiocre ! Eh oui, le bio, c'est parfois moins cher que l'intensif, à condition de respecter les cycles naturels.

L'Agence nationale de sécurité sanitaire de l'alimentation, de l'environnement et du travail (Anses) recommande de manger au maximum 500 grammes de viande par semaine (hors volaille). En effet, selon le magazine *60 Millions de consommateurs*, « les gros consommateurs de viande rouge et de charcuterie présentent des risques anormalement élevés de développer des maladies cardiovasculaires, des troubles métaboliques comme le diabète de type 2, de même que certains cancers ».

Écono-misez !

Mieux manger en conservant son budget habituel, voire en faisant des économies, c'est possible, en adoptant quelques réflexes :

- **Privilégier les circuits courts ou de proximité**
- **Consommer des fruits et légumes de saison**
- **Moins gaspiller**
- **Diminuer sa consommation de viande, en privilégiant les légumineuses qui peuvent s'y substituer**

MIEUX MANGER POUR BIEN VIVRE

ENTRETIEN AVEC L'EXPERT

Bruno Lhoste, président d'Inddigo (société de conseil et d'ingénierie en développement durable), est l'un des grands spécialistes de l'alimentation durable. Il a notamment écrit *La Grande (Sur-)bouffe. Pour en finir avec le gaspillage alimentaire**.

L'alimentation semble devenir une préoccupation chez les Français ?

C'est exact, et cela tient à plusieurs facteurs. Tout d'abord, les crises sanitaires de ces dernières années (la vache folle, les lasagnes de cheval ou, plus récemment, le fipronil dans les œufs) ont engendré une vraie inquiétude chez les Français concernant la qualité de ce qu'ils mangent. Ensuite, nous mangeons plusieurs fois par jour, et ce chaque jour ! Enfin, nous vivons dans un monde de plus en plus incontrôlable et menaçant, avec des pressions environnementales ; or, l'alimentation est un domaine sur lequel les gens ont le pouvoir d'agir. Dans l'acte de manger, chacun peut être acteur en choisissant sa nourriture, sans forcément subir les choses.

* Rue de l'échiquier, 2012

Comment se manifeste ce pouvoir d'agir dans les faits ?

La qualité de la nourriture est au centre des préoccupations, mais aussi le prix. Cela constitue un changement très important puisque le bio, qui est resté assez marginal pendant des dizaines d'années, est devenu grand public.

Manger bio peut-il tout régler ?

En matière d'alimentation, le bio a un impact sur les personnes et leur santé, mais aussi un impact environnemental lié à la filière de production : l'agriculture durable. Mais il a également un impact social, avec les individus qui y participent. Manger bio est une solution viable, qui permet clairement de s'affranchir de certains problèmes liés à l'alimentation industrielle, aujourd'hui encore, malheureusement, majoritaire.

Pour autant, il faut que le consommateur soit vigilant, il y a bio et bio…

Il est vrai qu'il y a un flou autour de l'agriculture et, plus généralement, de la multiplication de labels qui s'autoproclament plus vertueux les uns que les autres. Mais le bio a le mérite d'avoir un cadre de référence, puisqu'une directive européenne en précise la teneur avec une définition assez simple : une agriculture sans pesticides, sans engrais de synthèse et sans organismes génétiquement modifiés (OGM). D'autres recommandations existent, mais globalement ces trois points forment la base. Au-delà de ces critères se rencontrent des pratiques assez différentes. Certains agriculteurs pratiquent la polyculture-élevage, c'est-à-dire exploitent à la fois des cultures et des animaux, dans une vision plutôt traditionnelle. Existe également une agriculture industrielle bio à base de monocultures sur de grandes étendues avec, dans certains cas, le recours à des travailleurs détachés ou étrangers salariés à bas coût pour obtenir des produits d'exportation à prix compétitif. Ce sont donc des produits très différents sur les plans social et environnemental, mais aussi au niveau qualitatif.

Comment faire pour s'y retrouver si les deux modes de production bénéficient du même label bio ?

Même si l'on peut formuler des critiques vis-à-vis du label européen et de son évolution, que certains trouvent laxiste aujourd'hui par rapport à celui qui préexistait en France, on peut considérer qu'il pose un cadre sérieux, contrairement à ce qui se pratique dans d'autres pays. Lorsque vous achetez du bio produit en Chine ou en Amérique du Sud, par exemple, les conditions de production sont beaucoup moins suivies et encadrées qu'en Europe.

L'origine des produits est notre préoccupation principale, et si nous voulons être parfaitement rassurés sur ce que nous mangeons, il est préférable de nous tourner vers l'agriculture de proximité. Connaître le producteur et ses pratiques, c'est l'idéal ! L'agriculture bio française est très diversifiée et peu industrielle, ce qui permet d'avoir accès à des produits de qualité supérieure à celles des produits importés.

L'offre est si pléthorique que l'on peut se demander quel est le meilleur endroit pour faire ses courses si l'on veut acheter de bons produits ?

Il est vrai que nous avons une offre assez large en France ! Les supermarchés et hypermarchés ont parfaitement compris l'accroissement de la demande en matière de bio et restent la première source d'approvisionnement des Français.

Des circuits spécialisés bio existent, comme l'emblématique enseigne Biocoop, dont le réseau de distribution s'est construit autour du bio. Ce distributeur a la particularité de travailler avec les agriculteurs et même de les aider à se convertir au bio. Ils sont également encouragés à améliorer leur production et à ainsi garantir une qualité et une quantité optimales pour alimenter les magasins. Il s'agit donc ici d'une démarche de construction pérenne très différente d'une centrale d'achat, dont la politique est de proposer des produits au seul critère de prix le plus bas. Avec Biocoop, l'accent est mis sur la contractualisation dans le temps, pour un modèle économique qui fait ses preuves et une croissance à deux chiffres.

D'autres solutions existent en circuit court, comme les marchés, les Amap ou encore les systèmes de paniers sans engagement, mais aussi les magasins de producteurs, les supermarchés coopératifs comme La Louve, à Paris, qui permettent aux consommateurs de s'impliquer dans la gestion du magasin et, notamment, dans le choix des producteurs. De nombreux autres projets du même type sont en gestation un peu partout en France.

Comment faire comprendre aux consommateurs l'impérieuse nécessité de changer leurs habitudes ?

S'il y avait une phrase clé ou une action miracle pour susciter les changements, nous ne serions pas dans la situation dans laquelle nous sommes ! Je pense que les gens sont sensibles à leur environnement et, en particulier, à ce que font ceux qu'ils connaissent. Dans le phénomène de changement, il y a beaucoup d'effet mimétique : on va essayer de reproduire ce que fait son voisin, son collègue de travail ou un membre de sa famille. Sont également déclencheurs les moments clés dans la vie, comme le fait d'avoir des enfants. Paradoxalement, nous sommes souvent plus attentifs à la nourriture que consomment nos enfants qu'à celle que nous consommons nous-mêmes.
En tout cas, ce n'est pas une question de raison ou d'injonction. Il s'agit plutôt de la rencontre avec des personnes qui font autrement, ou avec des offres différentes, qui vont amener au changement.

S'il fallait déterminer trois priorités pour mieux manger au quotidien, quelles seraient-elles ?

À mon sens, la première des priorités est le temps : il faut prendre davantage de temps pour s'alimenter. Si nous avons développé cette production industrielle et ce système de grande distribution, c'est essentiellement car nous sommes guidés par la volonté de gagner du temps. Nous avons élaboré des repas préparés, surgelés, pour consacrer de moins en moins de temps à la préparation, mais aussi au repas lui-même. Je pense que l'on ne peut pas bien manger en peu de temps. Il y a d'abord un enjeu physiologique : si l'on veut profiter de ce que l'on mange et digérer correctement, il ne faut pas manger trop vite. Il y a ensuite un enjeu relationnel, même si en France le repas reste une tradition conviviale. Enfin, il faut aussi du temps pour préparer à manger, ainsi que pour faire ses courses. La solution du supermarché, si elle nous fait gagner du temps, restreint nos choix, notamment en termes de qualité.

La deuxième priorité concerne les aliments eux-mêmes : privilégier des produits bio, frais, de saison et produits localement. Il s'agit d'un changement que l'on peut mettre en œuvre rapidement et qui est très vertueux.

La troisième priorité consiste à diminuer les protéines animales dans nos assiettes, c'est-à-dire à manger plus de végétal et moins de viande. C'est une manière forte de diminuer notre impact sur la planète, puisque c'est la consommation de viande qui est aujourd'hui principalement responsable de la déforestation, des émissions de gaz à effet de serre, de la consommation d'eau, etc., et ce en raison de l'élevage intensif. Manger un peu moins de viande est la meilleure chose que l'on puisse faire pour lutter contre le réchauffement climatique.

TROIS QUESTIONS À ANTOINE VERNIER, CHARGÉ DE MISSION GASPILLAGE ALIMENTAIRE À L'ADEME

Vous conseillez aux familles qui souhaitent se pencher sur leur « bilan gaspi » de commencer par faire le point. Comment s'y prendre et quel est l'objectif ?

Posez la question au cours d'un repas, chez vous : « *Vous pensez que l'on ne gaspille pas ? Je propose qu'on vérifie...* » Puis, présentez deux contenants, par exemple un « bio seau » (seau dans lequel on place tous les déchets organiques du foyer) pour les aliments solides et un grand verre doseur pour les liquides. À chaque fois que vous préparez un repas, que vous mangez ou que vous nettoyez votre frigo, si vous avez des aliments à jeter (y compris des liquides : thé, café, fond de bouteille, etc.), utilisez ces contenants. Continuez ainsi pendant trois jours ou sept jours. Pesez ensuite le tout et reportez les données sur une feuille. Si vous rapportez ces chiffres à une année et faites les calculs correspondants, vous obtiendrez grossièrement le poids de votre gaspillage par personne, ou mieux, par repas. Si vous avez envie de savoir combien vous coûte cette nourriture achetée, multipliez le poids par 2 euros/kg (moyenne des achats).

L'objectif est de comprendre ce que l'on gaspille en chiffrant, mais aussi en visualisant les quantités recueillies dans ces contenants. Il est garanti que vous allez commencer à réfléchir.

En faire un sujet de discussion et d'intérêt au quotidien, c'est important ?

Oui, parce qu'au-delà du constat, il est utile d'identifier les causes si l'on veut trouver les bonnes solutions. Et il est souhaitable que les bonnes solutions émergent de celui-là même qui est à l'origine du gaspillage. Par exemple, ai-je jeté le fond de mon bol de lait parce qu'il n'était pas à mon goût ? Parce que j'étais pressé ?... Cela peut en outre amener une réflexion sur l'origine du lait, sur tout ce qu'il a fallu pour qu'il arrive jusqu'au frigo... Je peux, par ce simple fait, en venir à préférer prendre le temps de boire mon bol en entier, le réchauffer, le conserver pour plus tard, le préparer différemment, etc.

Arrive le moment de la mise en œuvre. Les petits gestes peuvent-ils avoir de grands effets ?

Oui ! Ce qui est magique, c'est que l'on devient vite fier d'avoir « sauvé » de la nourriture. En prenant un peu de temps pour s'interroger sur son rapport aux aliments, au respect qu'on leur accorde, on va commencer à s'intéresser aux produits de meilleure qualité et c'est un cercle vertueux qui peut s'installer, surtout lorsque c'est l'ensemble du foyer qui s'investit. »

FAIRE SES COURSES POUR MIEUX MANGER ET PENSER À DEMAIN

DITES OUI À LA RUCHE QUI DIT OUI !

Via son site Internet (ou son application), **La Ruche qui dit Oui !** met en relation des producteurs et des consommateurs. Les premiers proposent leurs produits, transformés ou non ; les seconds font leurs courses et paient en ligne. Un point de rendez-vous fixe permet chaque semaine de récupérer ses emplettes et de rencontrer les producteurs, qui font régulièrement le déplacement. Le rayon de production maximal autour d'une ruche (lieu de rencontre pour récupérer ses achats) est de 250 km, avec une moyenne de 40 km ; c'est donc un bon moyen pour acheter local. Depuis début 2018, la société propose également un service de livraison à domicile : pratique !

→ **www.laruchequiditoui.fr**

C'est dit !

Marc-David Choukroun, cofondateur de La Ruche qui dit Oui !

« On ne peut pas à la fois avoir un réseau qui se fournit localement et distribuer 100 % de bio : cela n'est pas possible aujourd'hui, avec l'agriculture que nous avons en France. Le but du réseau, c'est de soutenir les producteurs dans leur transition. D'ailleurs, on se rend compte que des producteurs locaux qui n'ont pas la certification bio travaillent parfois dans de meilleures conditions que les producteurs bio industriels. Et au fur et à mesure, on constate que les producteurs locaux vont progresser dans leurs pratiques : on ne devient pas bio du jour au lendemain, cela demande du temps. »

« Social Lab », France Inter, 6 novembre 2016

LES AMAP, GAGNANT-GAGNANT !

« Une **Amap** naît en général de la rencontre d'un groupe de consommateurs et d'un producteur prêts à entrer dans une même démarche. Ils établissent ensemble un contrat pour une période (on distingue en général deux saisons de production : printemps/été et automne/hiver), selon les modalités suivantes :

Ils définissent la diversité et la quantité de denrées à produire pour la saison. [...]

De manière périodique (ex. : une fois par semaine), le producteur met les produits frais à disposition des partenaires, ce qui constitue leur panier. Le contenu de ce dernier dépend des produits arrivés à maturité. [...]

Contrairement à la grande distribution, les consommateurs en Amap accordent moins d'importance à la standardisation des aliments : tout ce qui est produit est consommé. [...]

Le groupe de consommateurs et l'agriculteur se mettent d'accord sur les méthodes agronomiques à employer. [...]

Le prix du panier est fixé de manière équitable : il permet au producteur de couvrir ses frais de production et de dégager un revenu décent, tout en étant abordable pour le consommateur. [...]

Quant au lieu de distribution, il peut s'agir soit de la ferme elle-même, si les partenaires de l'Amap vivent dans un périmètre proche de celle-ci, soit d'un point de chute situé en ville (maison de quartier, magasin d'alimentation spécialisé, cour d'immeuble...). »

→ **www.reseau-amap.org/amap.php**
(une carte des Amap en France est disponible sur le site)

FAIRE SON POTAGER, À LA CAMPAGNE OU EN VILLE

Il est évidemment plus « naturel » d'imaginer faire pousser ses fruits et légumes lorsque l'on vit dans un environnement qui s'y prête. Mais ce n'est pas parce que nous vivons en ville que nous devons renoncer au plaisir (et au désir) de produire des aliments bio.

Au-delà de l'ambition de produire sa propre alimentation, les vertus éducatives de ce type de démarche ne sont plus à prouver. Accompagner un légume qui pousse, c'est se reconnecter à une réalité fondamentale : il faut un écosystème, du temps...

Si l'envie de mettre les mains dans la terre vous démange et que vous vivez en ville, ce guide va vous être utile. Vous y découvrirez comment produire beaucoup avec peu de surface, voire de quelle façon aménager votre potager « hors sol ».

Les auteurs se sont amusés à imaginer différents potagers en fonction de la personnalité du jardinier en herbe : gourmand, pressé, paresseux, naturaliste ou encore glaneur.

Tout au long de l'ouvrage, vous trouverez des astuces pour éviter la pollution, optimiser l'espace ou récupérer les eaux de pluie. Enfin, un aperçu par fruit ou par légume vous permet d'identifier vos semis en fonction de vos goûts et des saisons.

Éric Prédine et Franck David, *Mon potager bio en ville. Sur cour, terrasse, balcon...* Terre Vivante Éditions, 2012

MOINS GASPILLER

FOOD TUNER, DES RECETTES ADAPTÉES À CE QUE VOTRE FRIGO A DANS LE VENTRE

Parfois, ouvrir la porte de son frigo est un peu déprimant… parce qu'il est peu rempli ou que ce qu'il contient n'est pas assez inspirant pour finir dans l'assiette. Le site **Food Tuner** vous suggère des recettes à partir des ingrédients que vous avez déjà, sans forcément avoir besoin d'être un as des fourneaux.

Exemple : vous avez des avocats et des œufs, et si vous faisiez des œufs en coque d'avocats ? Il vous reste du quinoa, des tomates et du fromage râpé ? Vous pourriez préparer des tomates farcies au quinoa.

Rien de révolutionnaire, mais le site vous permet de libérer votre potentiel culinaire, vous suggère d'acheter un ingrédient de plus si besoin, met à disposition des recettes, le tout étant participatif.

→ **www.food-tuner.com**

MANGER MOINS CHER ET ÉVITER DE GASPILLER : C'EST POSSIBLE !

Too good to go est une application qui permet de faire de bonnes affaires par la mise en relation avec des commerçants qui proposent des invendus à prix bradés. Si le réseau est dense, la particularité est que vous ne savez pas exactement à l'avance ce qui sera proposé.

Dans le même registre, l'application **Optimiam** propose aux commerçants de vendre moins cher plutôt que de gaspiller et vous permet d'acheter sushis, croissants ou sandwiches à prix cassés, juste à temps. Ces produits sont toujours bons, mais leur durée de conservation est réduite : ils ne tiendront pas jusqu'au lendemain... L'application possède un système de géolocalisation répertoriant les commerçants partenaires les plus proches ayant mis leur inventaire et leurs prix à jour. Il ne vous reste plus qu'à choisir.

→ **www.toogoodtogo.fr**
→ **www.optimiam.com**

LES SUPERMARCHÉS COOPÉRATIFS, UNE AUTRE VISION DE LA DISTRIBUTION

À la **Park Slope Food Coop**, à New York, pas de clients mais des coopérateurs et des bénévoles, des prix plus bas que dans la grande distribution, pour des produits de meilleure qualité ; bref, une sorte d'utopie de la distribution. Dans ce supermarché coopératif alimentaire de Brooklyn, fondé en 1973, on fait la queue 40 minutes aux caisses et on doit obligatoirement y travailler 2 heures 45 par mois pour pouvoir y faire ses courses. 17 000 personnes font partie de cette coopérative, qui a dû doubler sa surface de vente pour répondre à la demande.

En France, l'idée fait son chemin avec près de vingt projets en cours sur tout le territoire, dont un faisant office d'exemple : **La Louve**, à Paris. Souvent, l'expérience commence par un groupement d'achats en ligne ou dans un point de rencontre, où un enjeu se manifeste rapidement : trouver un local et suffisamment de personnes prêtes à se lancer dans une coopérative XXL.

→ **https://cooplalouve.fr**

MÊME AU RESTAURANT, RESTER VIGILANT

BON POUR L'ESTOMAC, ET LE CLIMAT

Un réseau de restaurateurs s'est réuni au sein de l'association **Bon pour le climat** pour promouvoir une cuisine « bas carbone ». Ici, les chefs de plusieurs centaines de restaurants s'engagent à repenser la place de la viande dans leurs plats, à privilégier des fruits et légumes de saison, les circuits courts...

Les membres de l'association ont signé une charte qui les engage à proposer à chaque repas au moins une entrée, un plat et un dessert qui respecte trois critères :

- Des produits frais et de saison ;
- Des produits locaux, dont le lieu de production ne se situe pas au-delà d'un rayon de 200 km ;
- Le végétal doit être au centre du menu afin de réduire la part de la viande.

Sur le site de l'association, vous trouverez un calculateur permettant d'évaluer le bilan carbone de votre repas, ainsi que la liste de tous les restaurants ayant signé la charte en France.

➜ **www.bonpourleclimat.org**

LE « GOURMET BAG », LE *DOGGY BAG* À LA FRANÇAISE

Quelle que soit la forme que prend le « **gourmet bag** », le postulat de départ est qu'il n'y a aucune honte à en faire la demande. Non, vous n'êtes pas radin au point de faire la quête au restaurant ! Vous êtes un consommateur responsable et conscient qu'il a pris place à l'endroit où l'on gaspille le plus de nourriture : 125 grammes consommables par repas... Si ce sujet vous intéresse, le gouvernement a mis en ligne un site dédié au *doggy bag* à la française.

➜ **http://gourmetbag.fr/**

CHAPITRE 2

TOUS POUR UN QUOTIDIEN ZÉRO DÉCHET

MOINS JETER, MIEUX JETER

KIT DE SURVIE

1. UN TIERS DE NOS DÉCHETS PEUT ÊTRE COMPOSTÉ
2. UN TIERS PEUT ÊTRE RECYCLÉ OU ÉVITÉ
3. LE DERNIER TIERS PEUT ÊTRE RÉDUIT GRÂCE AU RÉEMPLOI DES PRODUITS (VIVE L'ÉCONOMIE CIRCULAIRE !)

La poubelle : voilà un objet du quotidien dont il est particulièrement difficile de mesurer l'enjeu, tant elle est confinée dans un circuit de gestion du déchet où chaque étape est pensée pour que l'on en voie le moins possible. Qui consent à ce que les ordures s'amoncellent devant chez soi, à en supporter l'odeur ? Lorsqu'un service de ramassage se met en grève, la couverture médiatique et l'émoi populaire sont parlants.

La réalité de ce que nous jetons est impalpable à l'échelle individuelle, et sans doute avons-nous légitimement du mal à mesurer les répercussions de ce geste. Pourtant, nos déchets ont une vie après la poubelle : un peu de recyclage, beaucoup de destruction (dans de mauvaises conditions) et de stockage...

LOCAL POUBELLES
WOUPS !
Un trognon de pomme dans la poubelle de tri ?!!
Pas question de laisser passer ça !
WOOOUPS !
Oh Non ?! Je le crois pas !
Un album complet de vignettes Panini ?!
Les gens jettent vraiment n'importe quoi !
Comme dirait ma mère, il faut toujours apprendre de ses erreurs.
CENTRE DE TRI
Pour moi c'est l'occasion de faire un reportage de l'intérieur !

Contrôle visuel : OK.
Tri balistique : OK.
CORPS PLATS
CORPS CREUX
PETITS DÉBRIS
Tri mécanique : OK.
LES OBJETS MÉTALLIQUES SONT CAPTÉS PAR DES AIMANTS.
Tri manuel : OK.
Vous en faites pas, je suis de la maison.
CARTE DE PRESSE
Je vais faire un carton avec ce papier !

LE GRAND DÉBORDEMENT

D'après une directive européenne du 12 décembre 1991, un déchet est une substance ou un objet dont le détenteur veut se défaire. Dans une société de surconsommation, ce n'est pas sans conséquences...

LA POUBELLE TYPE D'UN FOYER FRANÇAIS

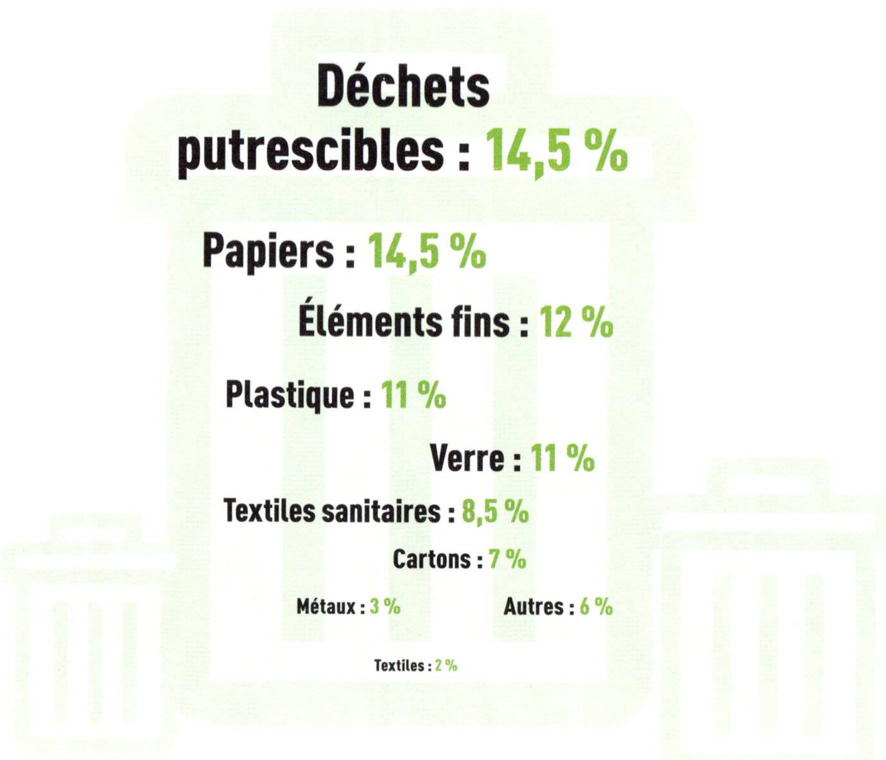

Source : https://education.francetv.fr

OÙ VONT NOS DÉCHETS ?

Incinération : 32 %

Recyclage : 26 %

Décharge : 26 %

Compostage : 16 %

Source : Ademe, « Déchets. Chiffres clés », 2016

QUAND ON VOUS DIT QUE ÇA DÉBORDE, ÇA DÉBORDE...

Même si les déchets circulent à l'abri des regards, il en existe une telle quantité qu'ils laissent des traces indélébiles. En France, quelque **126 incinérateurs** et **236 décharges à ciel ouvert** sont chargés de gérer nos déchets ménagers.

Or ces deux modes de « gestion » des déchets ont plusieurs inconvénients :

– **L'incinération :** non seulement il s'agit de brûler des matières qui auraient pu, pour une part non négligeable, être recyclées, mais surtout, cette méthode ne règle rien du tout, puisqu'il reste jusqu'à 250 kg de mâchefer et 30 kg de résidus issus du filtrage des fumées toxiques pour une tonne de déchets. On se retrouve donc avec plus de **25 %** de déchets sur les bras, dont une partie sera utilisée comme matériaux pour les travaux publics, tandis que l'autre devra être stockée ou traitée au sein d'autres sites spécialisés. Par ailleurs, selon certains médias, ce type d'installation pourrait, dans certains cas, constituer un danger pour notre santé.

– **Le stockage en décharge :** en raison de leur entassement, les déchets fermentent, ce qui génère des émissions de méthane, un gaz à effet de serre très puissant. Ce processus de fermentation est aussi à l'origine d'une sorte de « jus » très pollué qui n'épargne pas toujours les sols et les nappes phréatiques, en particulier dans les décharges les plus anciennes.

En France

• 324 millions de tonnes de déchets produits en 2014
• 37,9 millions de tonnes de déchets ménagers et assimilés en 2015
• 17 milliards d'euros de dépenses pour la gestion des déchets en 2014

À l'échelle d'un foyer, la poubelle se remplit d'un kilo de déchets ménagers chaque jour !

Source : Ademe, « Déchets 2017. Les 10 chiffres clés »

DANS LA MER AUSSI...

Les déchets que l'on trouve dans la mer sont à **80 %** d'origine terrestre. À l'échelle mondiale, environ **200 kg** de déchets sont déversés chaque seconde dans les océans.

Source : Programme des Nations unies pour l'environnement

Les plastiques, en particulier issus des emballages et des sacs, se fragmentent dans l'eau et se dispersent, avec des conséquences désastreuses : **267 espèces marines sont impactées par ces déchets**, qu'elles confondent avec de la nourriture comestible. Pour y remédier, plusieurs mesures ont été (ou vont être) prises en France :

- **1er janvier 2017** : fin de la mise à disposition des sacs en plastique à usage unique dans les commerces ;
- **1er janvier 2020** : interdiction de la vente de cotons-tiges en plastique à usage domestique et limitation de la vaisselle jetable.

Depuis des décennies, les gouvernements successifs tentent d'encadrer la gestion des déchets... En dix ans, pas moins de six décrets, quatre lois, une ordonnance et une directive européenne ont été adoptés.

TRIER, C'EST BIEN...

Le tri permet aux services de gestion des déchets de recycler une partie de ce que nous jetons : environ 25 % des déchets sont ainsi valorisés.

UN ENJEU AU QUOTIDIEN

Sur **80 %** des déchets non triés, une moitié part en incinérateur et une moitié en décharge. **93 %** des Français affirment pourtant trier. Selon une enquête étudiant les sujets de discorde rédhibitoires au sein du couple, **45 %** des personnes interrogées ne conçoivent pas de vivre avec quelqu'un qui ne trierait pas ses déchets (juste après les désaccords sur l'éducation et les amis, mais avant la politique), la qualité du tri étant même un motif de dispute dans **29 %** des cas ! Mais rassurez-vous, **86 %** des sondés affirment parvenir à convaincre leur moitié de faire davantage attention au tri.

Concernant le compost, si nos poubelles sont remplies au tiers de déchets organiques, nous ne sommes que **3 %** en France à bénéficier d'un système séparé de collecte en porte-à-porte (service d'enlèvement à domicile) des biodéchets, hors initiatives individuelles (Ademe, 2013).

Sources : Harris Interactive, « La France s'engage. État des représentations et visages de l'engagement », 2016 ; étude CSA pour Éco-Emballages, « Couple et recyclage », mai 2017)

Bonnes nouvelles !

- La loi relative à la transition énergétique pour la croissance verte du 17 août 2015 prévoit la généralisation du tri à la source des biodéchets en France d'ici 2025.

- En 2014, 20 millions de tonnes d'émissions de CO_2 ont été évitées grâce au recyclage.

Ademe, « Déchets 2017. Les 10 chiffres clés »

FACTURER EN FONCTION DE CE QUE L'ON TRIE

On appelle cela la « tarification incitative », une taxe qui vise à inciter les familles à changer de comportement : moins on jette (et plus on trie), moins on paye d'impôt sur les déchets. La généralisation progressive de cette taxe à l'ensemble du territoire porte déjà ses fruits alors qu'elle n'est pas encore obligatoire :

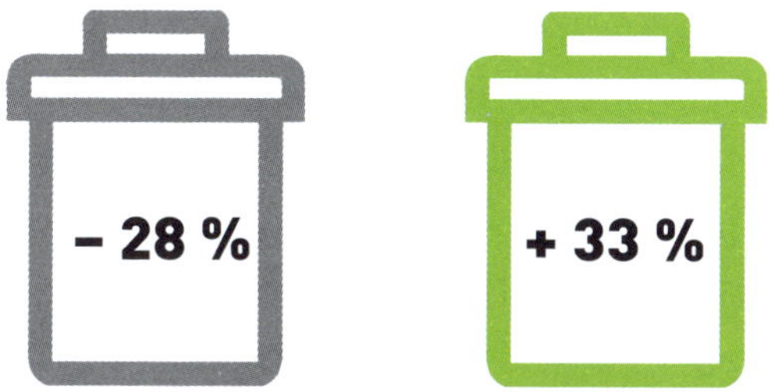

de déchets ménagers **non triés** — de déchets **triés**

Source : Commissariat général au développement durable

La loi du 17 août 2015 prévoit le déploiement de cette taxe incitative auprès de 25 millions de Français à l'horizon 2025.

… RÉDUIRE, C'EST MIEUX

Le tri ne suffit pas ! Une véritable économie circulaire s'appuie sur des principes encore plus ambitieux.

Plutôt que de jeter, par réflexe, des objets que nous n'utilisons plus, l'économie circulaire (modèle économique basé sur le réemploi) privilégie des solutions alternatives : réutilisation, transformation… Toutes les options qui permettent de ne pas « surconsommer » sont bonnes à prendre. Le scénario « Zero Waste », imaginé par l'association du même nom, met en avant quelques principes inspirés de l'économie circulaire :

- **éviter le gaspillage de ressources en privilégiant la conception de produits durables, plus respectueux de l'environnement ;**
- **allonger la durée de vie et d'usage des biens ;**
- **préserver la matière afin de la valoriser plus efficacement.**

Le saviez-vous ?

- Pour fabriquer une voiture d'une tonne, il faut **7 tonnes de matières premières**.
- La fabrication d'un jean nécessite **32 kg de matières premières et 8 000 litres d'eau.**
- La fabrication, le transport et le recyclage d'un ordinateur portable génèrent **autant de CO_2 que son utilisation pendant 82 ans**.
- Chaque seconde, **1 000 mégots** sont jetés par terre en France. Un mégot contient **4 000 substances nocives**, dont beaucoup de plastique ; il lui faut 1 à 5 ans pour disparaître dans la nature ; au contact de l'eau, il pollue 500 litres de ce précieux liquide.

En partenariat avec **l'éléphant** la revue de culture générale

QUIZ

1/ Qui a dit : « La civilisation industrielle, en supprimant la beauté naturelle, en la couvrant sur de longs espaces par le déchet industriel crée et suscite les besoins artificiels. Elle fait que la pauvreté ne peut plus être vécue et supportée » ?

❑ Jean-Paul Sartre ❑ Paul Newman ❑ Marie Curie ❑ Albert Camus

2/ Quel mot désigne le fait, pour un objet, d'être périmé alors qu'il n'est pas matériellement détérioré, de n'être simplement plus à la mode ou d'être dépassé par des techniques plus modernes ?

Vous trouverez ce mot à partir des lettres suivantes :

C O S O L E B N C E E S

3/ Associez chaque objet à sa durée de vie dans la nature :

2 semaines à 1 mois	A. Allumette
1 à 5 mois	B. Mégot de cigarette
3 mois	C. Mouchoir en papier
6 mois	D. Bouteille en plastique
1 an	E. Ticket de métro
1 à 5 ans	F. Débris en bois
5 ans	G. Boîte de conserve
13 à 15 ans	H. Papier toilette
50 ans	I. Pneu
100 ans	J. Sac en plastique
450 ans	K. Bouteille en verre
600 ans	L. Chewing-gum
100 à 1 000 ans	M. Filet de pêche
4 000 ans	N. Trognon de pomme

4/ Parmi ces déchets, lesquels ne peut-on pas jeter dans la poubelle de recyclage ?

- LES PISTOLETS À SILICONE POUR FAIRE DES JOINTS DE SALLE DE BAINS

- LES BOÎTES DE CÉRÉALES

- LES BOÎTES EN FER

- LES FLACONS DE PRODUITS MÉNAGERS

5/ En 1882, un préfet imposa aux propriétaires parisiens de fournir à leurs locataires « un récipient de bois garni à l'intérieur de fer blanc » muni d'un couvercle afin de rassembler les ordures et d'en faciliter le ramassage. Il envisageait également la mise en place d'autres boîtes pour les bris de verre et les coquilles d'huîtres, devenant ainsi un précurseur du tri sélectif ! Il s'appelait Eugène…

CHARRIER POUBELLE GARBAGE SALLY

QUIZ. 1/ Albert Camus. **2/** obsolescence. **3/** 2 semaines à 1 mois : H ; 1 à 5 mois : N ; 3 mois : C ; 6 mois : A ; 1 an : E ; 1 à 5 ans : B ; 5 ans : L ; 13 à 15 ans: F ; 50 ans : G ; 100 ans : I ; 450 ans : J ; 600 ans : M ; 100 à 1 000 ans : D ; 4 000 ans : K. **4/** Ce sont les pistolets à silicone. Les produits de bricolage (pots de peinture, chiffons souillés de peinture…) ne doivent jamais être jetés à la poubelle mais apportés en déchèterie pour être traités par des entreprises spécialisées. **5/** Eugène Poubelle.

JOINDRE L'UTILE À L'AGRÉABLE

D'un point de vue collectif, la gestion des déchets en France coûte très cher aux contribuables : 17 milliards d'euros sont ainsi dépensés chaque année… Pour moitié par les particuliers et pour moitié par les entreprises.

FAIRE DES ÉCONOMIES

D'un point de vue individuel, pour alléger son budget, il faut avant tout faire preuve de bon sens : consommer moins, mais mieux. Si nous privilégions les produits de seconde main, la réparation et tout ce que l'économie circulaire nous offre comme possibilités, il y a fort à parier que les économies seront substantielles. Dans la même logique, si gaspiller moins de nourriture devient un objectif à l'échelle du foyer, ou tout au moins une vigilance partagée, les effets sur le budget ne tarderont pas à se faire sentir. Par exemple, les produits alimentaires en vrac coûtent **15 à 40 %** moins cher que les produits emballés.

ÉPARGNER L'ENVIRONNEMENT

La situation à laquelle nous sommes confrontés ne peut plus durer. La Terre a une surface totale de 510 millions de km^2 ; or, une fois enlevés les espaces moins fertiles (déserts, mers, etc.), on considère qu'il reste environ 1,7 hectare par personne (pour 7 milliards d'êtres humains), à partager avec nos amies les bêtes. Résultat : chaque année, nous vivons toujours plus à crédit, car notre planète ne peut subvenir à nos excès. Le « jour du dépassement mondial », dont le calcul désigne la date où les ressources naturelles renouvelables en douze mois auront été épuisées, survient toujours un peu plus tôt, la population augmentant et la course à la croissance allant bon train.

Source : « Étude Global Footprint Network, Earth Overshoot Day »

- **Un Américain consomme 9,4 hectares par an.**
- **Un Européen consomme 4,8 hectares par an.**
- **Un Africain consomme 1,1 hectare par an.**

Source : WWF, « Rapport planète vivante 2014. Des hommes, des espèces, des espaces et des écosystèmes »

Exemples de durée de décomposition

- **Un journal : 3 à 12 mois**
- **Un chewing-gum : 5 ans**
- **Une couche : 500 ans**
- **Une canette : 100 ans**
- **Une bouteille en plastique : entre 100 et 1 000 ans**
- **Une bouteille en verre : 4 000 ans**

CRÉER DES EMPLOIS

Faire en sorte que les objets dont nous ne voulons plus ne soient ni incinérés ni stockés, mais plutôt réutilisés, valorisés et recyclés pour une deuxième vie, implique de revoir la chaîne de gestion des déchets de A à Z. À de nouveaux besoins correspondent de nouveaux métiers. Chaque type de traitement des déchets a des effets différents sur l'emploi.

Pour le traitement de 10000 tonnes de déchets, nombre de personnes peuvent être mobilisées :

- **Décharge** : 1 ETP*
- **Incinérateur :** 3 ETP
- **Centre de tri :** 31 ETP

Source : Ordif, « Mieux gérer les déchets. Une chance pour l'emploi ? », 2013

*ETP (équivalent temps plein) : personne travaillant à plein temps

- **Réemploi :** 690 ETP

Source : Observatoire des ressourceries, 2012

Il ne faut pas voir dans ce levier de création d'emplois une charge financière qui pèserait uniquement sur les contribuables. On parle bien ici de développer un secteur de l'économie circulaire, dont les initiatives autour du vrac, de la consigne, etc. seront également pourvoyeuses d'emplois.

ALLÉGER LE QUOTIDIEN, REPRENDRE LE CONTRÔLE ET VIVRE MIEUX

Générer moins de déchets implique d'aborder la vie de tous les jours avec plus de simplicité. Une fois passé le cap des premiers changements, c'est une vie considérablement simplifiée qui se profile. Une vie allégée du superflu, tournée vers l'essentiel. Car il faut bien reconnaître que notre société accorde une place bien trop importante à la consommation. Sans nécessairement remettre en cause le système, on peut vouloir s'y sentir aussi libre que possible : moins consommer par réflexe ou pulsion, prendre conscience de toutes les réalités que recouvre la consommation, être plus résistant face aux injonctions de la publicité et du marketing… bref, se libérer.

Adopter un mode de vie « zéro déchet » est aussi l'occasion de revenir à certains fondamentaux. Mieux consommer d'abord, en tenant compte de la durabilité d'un bien, mais aussi en privilégiant des circuits d'approvisionnement plus adaptés pour s'alimenter. En (re)prenant le temps de réfléchir à ce dont on a besoin ou non, à ce que l'on souhaite manger ou non, un nouveau monde s'offre à nous, plus sain, plus simple, axé sur l'essentiel, sur le bon sens, en définitive.

S'AMUSER

Avez-vous déjà envisagé de fabriquer votre propre liquide vaisselle, votre lessive, du déboucheur pour canalisation, de la crème hydratante, un baume à lèvres ou encore du dentifrice ? Vous pensiez laisser cela aux plus écolos d'entre nous… Avec le mode de vie « zéro déchet », vous découvrirez que cela n'est pas si compliqué et que cela peut même être ludique.

Pour trouver des recettes simples et efficaces :
➜ famillezerodechet.com

CAP SUR LE ZÉRO DÉCHET

ENTRETIEN AVEC L'EXPERTE

Flore Berlingen est directrice de Zero Waste France, une association de protection de l'environnement fondée il y a vingt ans qui milite pour la réduction et la gestion durable des déchets.

En France, on a tendance à cacher les déchets… Pourquoi est-ce un tabou, alors que le problème est majeur ?

Ce qui est intéressant, c'est que deux phénomènes coexistent de façon assez paradoxale. Tout d'abord, effectivement, les déchets restent tabous : on cherche à les faire disparaître le plus vite possible de notre vue, le camion-poubelles passant tous les jours… Le vide-ordures est le symbole le plus emblématique de cette tendance : grâce à ce système, on s'en débarrasse encore plus vite. Heureusement qu'il a quasiment disparu car, à mon sens, il a contribué à l'explosion du nombre de déchets produits en France, notamment pendant les Trente Glorieuses. Il est clair que de faire disparaître un déchet très vite nous déconnecte du nombre de déchets que l'on produit. Dans le même temps, on observe un phénomène d'accumulation en lien avec une consommation pulsionnelle, selon laquelle plus on a d'objets, mieux on se sent. On voit bien la contradiction entre, d'un côté, faire disparaître et, de l'autre, accumuler.

Pour le citoyen, il est donc difficile de se rendre compte de la quantité de déchets qu'il produit ?

Tant qu'il n'y a pas de crise, c'est vrai. Mais dès l'instant où le ramassage des ordures ne se fait plus selon le rythme normal ou qu'une décharge arrive à saturation, on se rappelle soudainement que l'on produit beaucoup de déchets et qu'il faudrait peut-être faire quelque chose. Dans ce type de situation, une prise de conscience peut survenir, ce qui est plus rarement le cas lorsque le problème semble « géré » – une gestion illusoire, puisque la pollution et la surconsommation des ressources existent malgré tout. Paradoxalement, une bonne gestion peut nous faire perdre de vue l'urgence de réduire les déchets.

Les pouvoirs publics ont-ils pris la mesure du problème ?

Jusqu'à il y a quatre ou cinq ans, le problème n'était clairement pas identifié ! On considérait que bien gérer les déchets était satisfaisant, c'est-à-dire que l'enjeu résidait dans la gestion et le traitement, et non dans la réduction. Depuis quelques années, les pouvoirs publics se rendent compte qu'au-delà de la bonne gestion, il y a des enjeux environnementaux (pollution et consommation des ressources en amont) et financiers. C'est notamment grâce au durcissement des normes environnementales que les coûts ont explosé et, par voie de conséquence, que la vigilance des collectivités s'est accrue. La loi sur la transition énergétique de 2015 a permis d'importantes avancées en matière d'économie circulaire. Si tout n'est pas réglé, nous sommes entrés dans une phase où les choses bougent, avec des élus sensibilisés au problème.

Par où commencer si l'on veut réduire sa production de déchets ?

Il y a un constat assez simple quand on regarde sa poubelle, elle se décompose en trois catégories : un tiers de déchets organiques, un tiers d'emballages et un tiers constitué de tout le reste (lingettes, piles, stylos, jouets, objets cassés, etc.).

Pour les deux premières catégories, il existe des actions rapides et concrètes à mettre en place : le compost, notamment quand on a un jardin, est simple à mettre en œuvre, tout comme la réduction des emballages – il suffit pour cela de favoriser l'achat en vrac dans les épiceries spécialisées ou encore au marché. Je vous suggère de réaliser un petit exercice ludique : refusez tous les sacs et emballages que l'on vous proposera lors de vos courses, y compris les sacs en papier. Vous vous rendrez compte que le plus dur finalement, c'est de dire non !

Concernant le troisième tiers de la poubelle, il faut adopter des logiques de substitution. Par exemple, pour le coton démaquillant, il existe des solutions lavables, donc non jetables, d'excellente qualité.

Enfin, au-delà de la poubelle, nous devons également penser à tous nos déchets occasionnels, comme les vêtements, l'ameublement ou le petit électroménager. Sur ce point, nous devons adopter le réflexe de nous poser systématiquement la question suivante : le neuf est-il la seule option ? C'est-à-dire qu'avant même de penser déchet et de réfléchir à la façon dont nous allons nous en débarrasser, nous devons agir dès l'achat, en privilégiant l'occasion au neuf, le prêt, la location, le troc… Si nous entrons tous dans cette logique plus circulaire, le nombre de déchets diminuera considérablement. Car c'est notamment parce que nous sommes suréquipés que nous avons trop de déchets à recycler.

Quelles sont les motivations premières de ceux qui décident de réduire leurs déchets ?

Cela dépend des personnes, de leur expérience, de leur vigilance… L'argument économique fait souvent mouche, car passer à une dynamique de réduction des déchets permet de faire des économies.

La perspective d'améliorer sa qualité de vie et sa santé peut également encourager à changer ses habitudes. Manger plus sainement, retrouver un rapport direct à son alimentation, utiliser des produits d'entretien plus sains pour sa famille… Vous voyez que ces arguments ne sont pas directement liés aux déchets ; pourtant, beaucoup de gens viennent à la réduction des déchets par ces voies-là.

Partager son expérience, ses résultats, c'est important ?

Bien sûr, le bouche-à-oreille fonctionne à plein régime ; c'est d'ailleurs probablement ce qui explique le boom du mode de vie « zéro déchet » depuis quelques années. C'est une question qui revient régulièrement : comment partager sa démarche avec ses proches ? On lit souvent sur les forums que les personnes engagées dans la réduction des déchets ont du mal à le faire comprendre à leur entourage. Certains clichés ont la vie dure ! Notamment parce que le mode de vie « zéro déchet » peut être perçu comme un renoncement ou un sacrifice, alors qu'en réalité, les personnes investies dans cette démarche témoignent des bénéfices qu'ils y ont trouvé : des économies et, surtout, une meilleure qualité de vie.

Depuis quelques années, il semble plus facile de communiquer sur ce type d'engagement. Est-ce le cas ?

Effectivement, certains clichés tendent à disparaître. La surabondance des biens de consommation pourrait sans doute finir par passer de mode, par exemple. Aujourd'hui, je ne suis pas sûre que le fait de posséder un grand nombre d'équipements bas de gamme soit socialement bien vu. Je crois également que penser en termes d'achats durables n'est plus l'apanage des foyers les plus aisés. Il me semble que les marqueurs sociaux sont en train de bouger, en faveur de plus d'efficacité. La tendance du « moins mais mieux » gagne du terrain.

Vous prenez souvent l'Italie en exemple. Peut-on considérer ce pays comme un laboratoire ?

C'est en tout cas un pays où il y a eu suffisamment de crises importantes pour que certains acteurs décident de se retrousser les manches. L'Italie est passée de la simple gestion des déchets à une véritable politique de réduction et d'évitement. Ainsi, la gestion des déchets constituant un coût important, il a été décidé de les réduire plutôt que de construire un incinérateur considérablement plus onéreux.

Dans les régions italiennes qui se sont le plus investies, les résultats ont été impressionnants. Par exemple, à Trévise, chaque habitant produit seulement 53 kg de déchets résiduels par an ! Pour cela, un système de collecte en porte-à-porte a été mis en place pour le recyclage des biodéchets, en plus des initiatives de compostage individuelles. Sans oublier la mise en œuvre d'une tarification incitative, ainsi que différentes actions de prévention et de sensibilisation. Plutôt que de cacher les déchets, on met en avant les résultats positifs et les enjeux à venir. D'une certaine manière, on regarde enfin les déchets en face.

Les collectivités françaises suivent-elles cet exemple ?

Malgré une moyenne nationale à 277 kg d'ordures ménagères résiduelles (hors recyclage), certaines villes atteignent moins de 100 kg ! Les deux mesures qui ont le plus d'impact sont le tri des déchets organiques et la mise en place d'une taxe incitative.

Je suis plutôt optimiste sur la prise en compte de cette urgence à l'échelle nationale, notamment parce que les solutions existent. Tout d'abord, chacun peut agir à son échelle, à la maison, au bureau, dans son quartier, sa ville… Ensuite, les initiatives et les porteurs de projet sont de plus en plus nombreux, ce qui crée une véritable dynamique autour de cette question.

Même si l'on rencontre encore des résistances, le rapport de force est en train de s'inverser en faveur du mouvement « zéro déchet ».

MOINS JETER

LA MAISON DU ZÉRO DÉCHET

C'est à Montmartre, à Paris, que l'association **Zero Waste France** a ouvert en 2017 **La maison du zéro déchet**, un lieu dédié à la démarche « zéro déchet », en attendant d'autres ouvertures sur le territoire français.

Si l'objectif de l'association est de participer à la réduction massive des déchets, elle est consciente du chemin qu'il reste à parcourir. L'idée est de promouvoir des solutions et des initiatives, comme autant d'occasions de sensibiliser le grand public aux enjeux des déchets en France.

Vous y trouverez des événements tout au long de l'année, une boutique proposant l'arsenal complet pour réduire ses déchets (cotons démaquillants lavables, lombricomposteurs, etc.), ainsi qu'une librairie spécialisée pour vous documenter.

➜ **http://lamaisonduzerodechet.org**

MA PETITE COUCHE, RETOUR AUX FONDAMENTAUX

Chaque année, en France, 4 milliards de couches sont jetées. On estime à environ 4500 le nombre de couches utilisées au cours des trente premiers mois d'un bébé, soit 800 kg de déchets.

Chaque couche émet des gaz toxiques et du CO_2 lorsqu'elle est incinérée, tandis qu'en décharge, il lui faut pas moins de 500 ans pour se dégrader...
L'histoire de l'entreprise **Ma petite couche** est celle de deux amis, Philippe et Antoine, jeunes papas. Constatant le désastre écologique provoqué par les innombrables couches jetées, ils ont décidé de créer une start-up proposant un service de livraison de couches lavables à domicile. À chaque passage, ils récupèrent les couches usagées pour les laver et en déposent de toutes propres.
Ce service permet d'éviter le plus gros inconvénient des couches lavables : le nettoyage. La start-up estime ainsi à 95 % la réduction des déchets.
Les couches sont nettoyées en établissement et service d'aide par le travail (Esat) par des personnes en situation de handicap. Cerise sur le gâteau : les livreurs circulent à vélo. Petit bémol : ce service n'est disponible qu'en région parisienne.

→ www.mapetitecouche.fr

MIEUX JETER

UN SITE VOUS AIDE À TRIER VOS DÉCHETS

Dans un sondage réalisé par Harris Interactive, 93 % d'entre nous pratiqueraient le tri sélectif. Nous serions même 60 % à considérer le tri comme étant la première action utile pour améliorer le fonctionnement de la société. Encore faut-il savoir comment trier, certaines consignes variant d'une commune à l'autre. Il existe néanmoins certains fondamentaux que le site **consignesdetri.fr** (qui propose également une application) vous aide à maîtriser. En indiquant ce que vous souhaitez jeter et votre lieu d'habitation, le site vous indique quel bac choisir. Toutefois, le plus simple reste encore de vérifier les consignes apposées sur les bacs ou de consulter le site Internet de l'organisme qui gère les déchets de votre commune.

→ www.consignesdetri.fr

DONNER UNE SECONDE VIE À VOS OBJETS TOUT EN ÉTANT SOLIDAIRE

Label Emmaüs est la boutique en ligne de l'association fondée par l'abbé Pierre. Vous y trouverez du mobilier, de la déco, mais aussi des livres, des CD et des DVD, le tout à des prix plutôt attractifs. Les bénéfices sont entièrement utilisés pour mener à bien des projets portés par l'association.

Dans un autre registre, le site **cestbonesprit.fr** permet de chiner des meubles, de la bagagerie ou encore des vêtements. Une partie de la somme récoltée va directement au vendeur, tandis que le reste est reversé à une association de son choix. Vous connaissez donc à l'avance le nom de l'association et le montant qui lui sera alloué. Vous trouverez ainsi en ligne une poussette à 30 euros, dont la moitié sera reversée à l'Association des paralysés de France. Certains vendeurs vont même jusqu'à donner la totalité de la somme récoltée.

→ **www.label-emmaus.co**
→ **www.cestbonesprit.fr**

S'ENGAGER EN MODE « ZÉRO DÉCHET »

LE *ZERO WASTE* AU QUOTIDIEN

Si vous voulez convaincre l'un de vos proches qu'il est temps d'agir ou si le thème des déchets vous intéresse sans souhaiter pour autant devenir un expert, jetez-vous sur ce petit guide de 160 pages. Il contient tout ce dont vous avez besoin. Proposé par l'association Zero Waste France (« association dont la mission est de fournir une information indépendante et de décrypter les enjeux environnementaux, sanitaires et économiques liés à la gestion des déchets »), cet ouvrage explique en quoi nous avons un problème à régler, comment chacun peut s'y prendre à son niveau mais aussi, plus largement, à l'échelle d'un quartier ou d'une ville. Plusieurs exemples menés à l'étranger viennent illustrer le propos. Les références sont nombreuses, et on n'en ressort pas rongé par la culpabilité mais plutôt avec une terrible envie de changer ses habitudes, en sachant désormais par où commencer.

Pour découvrir ce guide, un site lui est dédié : http://lescenario.zerowastefrance.org

Zero Waste France, *Le Scénario Zero Waste 2.0. On passe à l'action !*, Rue de l'échiquier, 2017

→ **www.zerowastefrance.org/fr**

LE ZÉRO DÉCHET EN FAMILLE

Bénédicte Moret et Jérémie Pichon ont leur fan club ; avec leur famille, ils sont (presque) zéro déchet, un exemple à suivre pour beaucoup de monde. Dans ce guide, ils racontent leur cheminement et la façon dont ils sont parvenus à ne produire que 35 kg de déchets par an !

Le ton est léger, prête souvent à sourire, les références sont rigoureuses, les dessins bien vus. Après avoir posé les enjeux, sept chapitres vous guident dans le monde du zéro déchet : les courses, la cuisine, l'hygiène, les cosmétiques, les enfants, les fêtes et la maison, avec de quoi repenser complètement votre quotidien.

Bénédicte Moret et Jérémie Pichon, *Famille presque zéro déchet. Ze guide*, Thierry Souccar Éditions, 2016

TOUT LE MONDE VEUT SAUVER LA PLANÈTE MAIS… QUI DESCENDRA LES POUBELLES ?

Le personnage principal de cette bande dessinée est monsieur Tout-le-monde. Il s'apprête à vivre des aventures ordinaires dans une histoire extraordinaire, à la découverte d'un nouvel univers : celui des déchets.

Tout commence par un grille-pain qui ne grille plus. Alors que la poubelle semble être sa destination finale, l'intervention du (gentil) fantôme de Lao Tseu interpelle notre héros sur le deuxième prix des objets, environnemental celui-là. Entre mises en scène absurdes et questions concrètes, le lecteur apprend en s'amusant. Grâce à des textes directs, teintés d'humour et d'autodérision, l'auteur, Nat Mikles (dont vous apprécierez également les dessins), sensibilise, tout en divertissant, aux enjeux des poubelles et, surtout, à ce que l'on met dedans.

Nat Mikles, *Qui descendra les poubelles ?*, Rue de l'échiquier, 2016

CHAPITRE 3

S'HABILLER CHIC ET ÉTHIQUE EN MODE DURABLE

KIT DE SURVIE

1. ACHETER MOINS
2. ACHETER ÉTHIQUE ET « MADE IN FRANCE » POUR MIEUX CONTRÔLER LES CONDITIONS DE FABRICATION
3. PRIVILÉGIER LES VÊTEMENTS DE SECONDE MAIN OU RECYCLÉS

Depuis l'avènement d'une mode accessible, les vêtements que l'on porte ne sont plus le marqueur social qu'ils étaient auparavant. Mais le système s'est emballé.
De célèbres marques internationales multiplient les collections et les styles pour plaire au plus grand nombre d'entre nous.
Si la guerre des prix fait rage, la chaîne de production a des effets dévastateurs.

Car cette « mode pour tous » a en réalité deux prix : celui que l'on paie en euros (« ce n'est vraiment pas cher », entendons-nous d'ailleurs souvent…) et celui qui pèse sur la société et l'environnement – payé par les ouvriers du textile et la planète –, plus sournois et moins visible.

Allez je file, je suis en retard! Bonne journée chérie!
MAIS?! Où vas-tu comme ça?
J'ai rendez-vous au ministère de l'Environnement
Qu'est-ce que c'est que cet accoutrement?
C'est une petite tunique de chez Hache & Nems.
Quoi?!!
Tu ignores les pratiques des géants du prêt-à-porter?
Euh.
Tu vas te griller au ministère et adieu les contrats juteux!
Zut.
Cette création réconcilie vegans et carnistes à travers l'entité antinomique de la plante carnivore qui
STOP! autre chose!
Voici un vêtement conçu uniquement en matériaux recyclables.
Papier, carton, aluminium, acier, PET, PEHD...
Y'a pas moyen
Qui ne pâlirait pas de jalousie devant ce prototype 100% COMPOSTABLE?
Ils savent ce que ça signifie "compost" au ministère?

Tu as raison ! Je vais être plus offensif avec ce costume que m'a offert une bande d'activistes belges ! ÇA VA BARDER !
Trop flippant.
Ça y est ! J'ai trouvé la tenue parfaite !
100% green avec un impact carbone positif !
Pour chaque feuille coupée, un arbre planté !
C'est un peu has-been.
Tu sais, je te préfère au naturel.
Comme ça ?
Oui, et avec une veste et un pantalon c'est mieux.
Et là ?
C'est parfait mon chou.
Reste toi-même.

LA MODE POUR TOUS, PARTOUT, TOUT LE TEMPS

Le saviez-vous ?

- **25 %** des pesticides produits dans le monde sont utilisés pour la culture du coton conventionnel (non bio).
- **130 milliards** de vêtements sont produits chaque année dans le monde.
- **600 000 tonnes** de vêtements, linge et chaussures sont consommées en France chaque année.
- **12 kg** de vêtements sont jetés chaque année par les Français. Seulement un tiers est recyclé.
- **70 %** de notre garde-robe reste au placard.
- **2 700** litres d'eau sont nécessaires pour produire un tee-shirt.
- **20 %** des eaux dans le monde sont polluées par l'industrie textile.

LA « FAST-FASHION » : VITE, BEAUCOUP, PAS CHER

La *fast-fashion*, c'est en quelque sorte un renouvellement continu d'une mode qui ne connaît pas les quatre saisons ! Les spécialistes en la matière sont notamment H&M, Zara, C&A ou encore Mango. Selon la journaliste anglaise Lucy Siegle, Zara fabrique plus de **12 000 modèles** de vêtements différents chaque année. Certaines chaînes de prêt-à-porter renouvellent même leurs collections jusqu'à deux fois par semaine.

Source : Lucy Siegle, *To Die for: Is Fashion Wearing out the World?*, Fourth Estate, 2011

Coût horaire d'un ouvrier dans plusieurs pays producteurs du secteur textile

France : 31,3 €
Allemagne : 23,3 €
Maroc : 2,9 €
Bangladesh : inférieur à 0,5 €

Source : Fédération de la maille et de la lingerie, 2013

Le principe marketing qui sous-tend la *fast-fashion* est le suivant : en produisant sans cesse de nouvelles collections, on incite le consommateur à dépenser plus souvent dans le cadre d'une offre bon marché où l'acte d'achat est banalisé. En moyenne, chaque pièce vendue génère une marge de **4 %** pour la marque. Baisser les

coûts, augmenter les volumes et investir dans la publicité pour accroître toujours plus le nombre de ventes sont les fondements de cette économie.
Dans ce contexte, les industriels se tournent vers les pays où le coût du travail est le plus bas (avec les conditions sociales qui vont avec) : Inde, Vietnam, Bangladesh, Turquie, Chine…

Même si le coût de la vie est très différent entre ces pays producteurs, l'écart de salaire entre un ouvrier français et un ouvrier bangladais reste disproportionné…

L'électrochoc du Rana Plaza

Le drame du Rana Plaza, dans la banlieue de Dacca, au Bangladesh, le 24 avril 2013, a marqué les esprits : plus de 1 100 ouvriers du textile travaillant pour des marques internationales sont morts dans l'effondrement d'un bâtiment vétuste qui abritait des ateliers de confection. Les conditions de production des vêtements à bas coût ont alors été mises en cause. Les choses ont-elles changé en profondeur depuis ? On peut en douter, et le risque reste élevé qu'un tel drame se reproduise.

DES FIBRES ET DES COULEURS

Le fait que nos vêtements soient fabriqués à partir de matières synthétiques a des conséquences néfastes : notre santé peut en subir les effets; le recyclage est moins évident, voire impossible, en fin de vie; et leur lavage a souvent un impact sur l'environnement.

Pour autant, choisir des fibres naturelles pour s'habiller ne règle pas tout. Ainsi, pour produire **1 kg** de coton conventionnel, il faut **10000 litres** d'eau, **75 grammes** de pesticides et **2 kg** d'engrais chimiques. En revanche, le chanvre, le lin et le coton bio consomment moins d'eau et sont moins gourmands en produits chimiques en tous genres.

Source : Jérémie Pichon et Bénédicte Moret, *Famille presque zéro déchet. Ze guide*, Thierry Souccar Éditions, 2016

En 2012, Greenpeace a publié les résultats d'une enquête (*Les Dessous toxiques de la mode*) portant sur les substances toxiques utilisées pour fabriquer nos vêtements par les géants de la *fast-fashion*. Vingt marques, 141 articles et 29 pays ont été passés au crible. Résultat : 89 articles (63 %) contenaient des éthoxylates de nonylphénol (toutes les marques étant concernées par la présence de ce composé chimique), deux articles des amines cancérogènes.

La production de teintures pour les vêtements nécessite beaucoup d'eau – 11 milliards de litres par jour en moyenne – et le recours à des produits nocifs (mercure, plomb, chrome…) dont on mesure souvent mal les répercussions sur la santé et l'environnement.

LA DEUXIÈME INDUSTRIE LA PLUS POLLUANTE AU MONDE

En Chine, les cours d'eau sont pollués à 70 % par l'industrie textile. Selon une étude réalisée par l'Institut danois du textile en 2013, l'impact nocif de l'industrie textile mondiale sur l'environnement arriverait juste derrière celle du pétrole. Cette situation est le symptôme d'un modèle économique : confrontés à un marché demandant des prix toujours plus bas, les industriels sont sans cesse à la recherche de procédés permettant d'augmenter les profits au détriment de la protection de l'environnement ou du bien-être des salariés.

LE RECYCLAGE ET LA RÉUTILISATION DES VÊTEMENTS EN FRANCE

Environ 210 000 tonnes de textiles, linge et chaussures sont recyclées chaque année de plusieurs façons.

- **Réutilisation en l'état (59,4 %)**

Les vêtements qui sont en bon état rejoignent un circuit de réutilisation, notamment les magasins spécialisés dans la seconde main.

- **Recyclage ou valorisation (40,3 %)**

– **Effilochés pour servir d'isolants (22,5 %) :** les besoins en isolation étant importants dans l'industrie automobile et le bâtiment, les vêtements usagés sont utilisés comme matière première.
– **Chiffons (9,3 %) :** les vêtements en coton sont transformés en chiffons à des fins industrielles ou ménagères.
– **Incinérés avec valorisation (1 %) :** lorsque les textiles sont incinérés, ils produisent une chaleur qui peut être transformée en énergie électrique par exemple ; il s'agit d'un processus de valorisation.
– **Transformés en combustibles solides de récupération (7,5 %) :** afin de produire de l'énergie ou de la chaleur.

- **Seul 0,3 % n'est pas réutilisé !**

Source : Éco TLC, chiffres 2016

Le saviez-vous ?

Un vêtement en fibre naturelle (coton, chanvre, lin, ortie...) se recycle beaucoup plus efficacement qu'un habit en polyester.

En partenariat avec l'éléphant — la revue de culture générale

QUIZ

1/ Quelle distance peut parcourir un jean avant d'arriver dans notre armoire ?

❑ Jusqu'à 65 000 km ❑ Jusqu'à 9 500 km ❑ Jusqu'à 33 000 km ❑ Personne ne le sait

2/ Quelle actrice, égérie de la marque Dior, a demandé à porter des chaussures qui n'auraient pas coûté la vie à un animal lors d'une séance photo ?

❑ Julia Roberts ❑ Monica Bellucci ❑ Natalie Portman ❑ Josiane Balasko

3/ Qu'appelle-t-on « cuir végan » ?

❑ Du cuir obtenu après la mort naturelle de l'animal ❑ Du cuir ayant subi un tannage végétal
❑ Un matériau qui ne comprend aucune matière animale ❑ Il s'agit d'un abus de langage

QUEL CONSOMMATEUR ÊTES-VOUS ?

4/ Achetez-vous des vêtements de seconde main ?

▲ Oui et j'en vends ■ Oui, j'en achète ● Non

À savoir : selon une enquête de l'Institut français de la mode (IFM) réalisée auprès de 1 000 personnes, 24 % des consommateurs affirment avoir acheté des vêtements d'occasion en 2016 et 18 % en avoir vendu.

5/ Pensez-vous à l'impact environnemental et sociétal de votre geste lorsque vous achetez un vêtement ?

▲ Souvent, voire toujours ■ De temps en temps ● Jamais

À savoir : selon l'enquête citée précédemment, 59 % des personnes interrogées préfèrent acheter des vêtements fabriqués en France pour protéger l'emploi, tandis que 50 % tentent de boycotter les vêtements fabriqués dans des pays lointains afin de condamner le travail des enfants.

6/ Quelle part de votre garde-robe n'avez-vous pas portée au cours de l'année passée ?

▲ Moins de 30 % ■ Entre 50 et 70 % ● Plus de 70 %

À savoir : 70 % des vêtements des Français dorment dans les placards.

Quiz. 1/ Selon l'Ademe, un jean peut parcourir jusqu'à 65 000 km avant d'arriver dans nos armoires. Cela équivaut à une fois et demie la circonférence de la Terre… **2/** Il s'agit de l'actrice Natalie Portman, qui a d'ailleurs créé sa propre marque de chaussures véganes. **3/** Les deux dernières propositions sont justes. Il s'agit d'un abus de langage, le cuir végan n'étant composé d'aucune matière animale. Ce n'est donc pas du cuir, même s'il peut y ressembler.

Quel consommateur êtes-vous ? Si vous avez obtenu un maximum de ▲, vous êtes d'ores et déjà un adepte de la mode responsable, et faites rimer éthique et chic ! Si vous avez obtenu un maximum de ■, vous êtes sensible à la mode éthique et devriez trouver de bonnes idées pour aller encore plus loin dans les pages qui vont suivre. Si vous avez obtenu un maximum de ●, vous semblez décidé à laisser l'éthique hors de votre armoire, peut-être en raison d'une confusion avec « les tiques », ces insectes que l'on ne souhaite pas voir côtoyer sa garde-robe. Ce chapitre devrait vous inspirer et vous aider à réconcilier mode, environnement et solidarité.

LES REVERS DE L'ÉTIQUETTE

Prise en compte des conditions de travail des ouvriers du textile, protection de l'environnement et de la santé, économies substantielles pour un foyer... Les bonnes raisons ne manquent pas pour changer de rayon.

NE PAS FERMER LES YEUX

Dans les rayons qui mettent en scène de nouvelles collections chaque semaine, dans un écrin marketing au son des tubes du moment, on a du mal à réaliser les conditions de vie des ouvriers qui travaillent pour l'équivalent de quelques euros par mois, sans protection sociale, sans prise en compte des risques pour leur santé. La majorité d'entre eux sont des jeunes femmes travaillant **douze heures par jour, six jours sur sept.**

PROTÉGER L'ENVIRONNEMENT

Nous l'avons vu, la *fast-fashion* a des effets dramatiques sur l'environnement. Le fait de prendre conscience des enjeux de l'habillement de masse ne peut que nous conduire à mieux choisir nos vêtements, à nous en débarrasser moins facilement et, au final, à réduire la quantité consommée. Par ailleurs, opter pour la seconde main favorise le développement d'une économie circulaire moins gourmande en ressources naturelles.

FAIRE DES ÉCONOMIES

Ne plus acheter par réflexe ouvre un nouvel horizon. D'abord, il est possible de s'habiller à très faible coût dans les friperies, puces et autres vide-greniers dont l'Hexagone est si riche, ou encore sur Internet avec les plateformes en ligne de vente entre particuliers. Ensuite, un vêtement de qualité, que l'on a pris le temps de choisir, ne rejoindra probablement pas les **70 %** qui dorment dans nos penderies. Ce sera donc un achat utile qui en évitera sans doute d'autres plus futiles.

Le saviez-vous ?

En France :
- L'équivalent de 114 euros de vêtements en moyenne est oublié dans nos placards.
- L'équivalent de 442 millions d'euros de vêtements est jeté ou recyclé chaque année.

PRENDRE SOIN DE SA SANTÉ

Le fait de choisir des vêtements fabriqués avec du coton bio présente de nombreux avantages, en particulier pour les enfants qui sont plus sensibles que les adultes aux produits chimiques. Comparé au coton conventionnel, le coton bio est hypoallergénique. Sa fibre n'est pas blanchie avec du chlore mais avec de l'eau oxygénée. Les teintures utilisées pour les vêtements en coton bio sont produites sans métaux lourds et sans substances dangereuses pour la santé.

Même si, *a priori*, les seuils fixés par la réglementation ne sont jamais dépassés, rien ne garantit que le contact régulier de notre peau avec des substances toxiques (formaldéhyde, composés perfluorés, métaux lourds, etc.) n'aura pas d'effets à long terme.

CAR CE N'EST PAS SI COMPLIQUÉ !

Voici une sélection de labels pour s'habiller en minimisant les risques pour sa santé et la planète.

L'ÉCOLABEL EUROPÉEN

Assure :

• un usage limité de substances dangereuses pour l'environnement ;

• un usage limité de substances dangereuses pour la santé ;

• une réduction de la pollution de l'air et de l'eau durant la production des fibres.

GLOBAL ORGANIC TEXTILE STANDARD (GOTS)

Les produits textiles contiennent au moins 70 % de fibres biologiques (le taux requis est de 95 % pour les produits labélisés « bio »). Des critères environnementaux sont également appliqués, et les métaux lourds et l'utilisation de chlore sont bannis. Par ailleurs, des critères sociaux sont imposés aux transformateurs et aux fabricants.

BIO ÉQUITABLE

Le coton utilisé pour la fabrication du vêtement est bio, et des critères sociaux sont appliqués.

FAIRTRADE MAX HAVELAAR

Si les critères sociaux sont ici prioritaires, avec le souci d'une juste rémunération des producteurs, les niveaux d'exigence environnementale ne sont pas particulièrement élevés.

OEKO-TEX

Ce label garantit la non-utilisation de produits nocifs pour la santé ou l'environnement, ainsi que la prise en compte de critères sociaux. Un QR code donne accès aux détails de la chaîne de production du vêtement.

ORGANIC CONTENT STANDARD 100

Au moins 95 % des fibres utilisées sont bio.

ECOCERT TEXTILE

Un minimum de 70 % de fibres naturelles (mais pas bio), une politique environnementale et l'interdiction de produits chimiques considérés comme dangereux.

BIORE

Matières premières bio, respect de critères environnementaux et sociaux et traçabilité des produits.

DEMETER

Matières premières (fibres de laine de coton ou de lin) issues de fermes certifiées, impliquant que celles-ci respectent un cahier des charges plus exigeant que celui du label AB.

NATURTEXTIL

Fibres bio, respect de critères sociaux et environnementaux, mais aussi interdiction des métaux lourds, du chlore et des OGM.

NATURLEDER

Label concernant le cuir imposant que les animaux aient été élevés prioritairement à des fins alimentaires. Par ailleurs, des critères sociaux et environnementaux sont également requis.

ORIGINE FRANCE GARANTIE

Au moins 50 % du prix de revient unitaire est français, et le produit a pris ses caractéristiques essentielles en France.

LA MODE N'EST PLUS À LA MODE

ENTRETIEN AVEC L'EXPERTE

Emmanuelle Vibert est journaliste indépendante et auteure de plusieurs ouvrages (notamment *Couture récup. Coudre pour résister au grand gaspillage*, Rue de l'échiquier, 2016). Elle est spécialisée dans la consommation responsable et l'écologie.

Avons-nous pris de (très) mauvaises habitudes en matière de consommation vestimentaire ?

La mode a connu le même phénomène que tous les autres secteurs de consommation : nous sommes désormais complètement coupés de l'origine de nos vêtements. Avec la mondialisation, l'éloignement des usines, etc., nous n'avons plus du tout conscience des ressources nécessaires à leur fabrication, du travail pour les produire, du trajet qu'ils font pour arriver jusqu'à nous. Nous achetons de manière décomplexée sans nous préoccuper des enjeux sous-jacents.

Par ailleurs, la mode est devenue très bon marché. Par conséquent, nous achetons une quantité de vêtements astronomique comparée à nos besoins. Il faut néanmoins reconnaître le bon côté de ce phénomène : la mode s'est démocratisée, cultiver son style et en changer n'est plus réservé à une élite. Zara, par exemple, a participé de façon considérable à la démocratisation de la mode. Toutefois, le revers de la médaille est cruel : les conséquences sociales et environnementales de son système de production sont tragiques.

Si tous les secteurs de consommation sont contradictoires, celui de la mode l'est encore plus. Les vêtements sont faits pour nous rendre beaux, pour que nous puissions exprimer notre personnalité… Et pourtant, ils sont créés la plupart du temps dans des conditions lamentables. Au final, pour que nous nous sentions bien dans notre peau, des gens souffrent considérablement, et la planète aussi ! Alors que la mode devrait nous aider à avoir confiance en nous, la *fast-fashion*, qui nous impose un rythme effréné, finit par nous frustrer et nous condamne à un état d'insatisfaction permanent. C'est sans doute la limite de ce système.

Que s'est-il passé pour que nous arrivions à ce modèle ?

Nous pourrions remonter à la mécanisation de l'industrie textile au Royaume-Uni à la fin du XVIIIe siècle. Mais le tournant dramatique de ce qu'on appelle aujourd'hui la *fast-fashion* date d'il y a une trentaine d'années. L'acteur à l'origine de ce modèle est Zara et son groupe Inditex : ils sont passés de deux collections par an à un renouvellement continu en boutique, avec des vêtements créés en sept semaines. Parfois, c'est même l'affaire de trois jours.
Cela ressemble à un tour de magie. Et comme tout cela est très séduisant et peu onéreux, on se laisse tenter.

Comment faire pour que l'industrie du textile sorte de ce cercle infernal ?

Comme dans tous les secteurs, chaque acteur – consommateurs, professionnels, mais aussi ceux qui œuvrent pour trouver un nouveau modèle – doit absolument prendre ses responsabilités. Tous doivent travailler ensemble.
À l'échelle du consommateur, l'acte d'achat constitue le premier levier de changement. Il est fondamental ! Nous devons bien comprendre qu'utiliser son porte-monnaie est un acte politique. Les biens qui

nous sont proposés existent parce que nous les achetons. Dès lors, il suffit d'arrêter de consommer pour que ce modèle cesse d'exister. C'est aussi simple que cela. Les exemples de boycott, de révoltes et de campagnes de consommateurs sont nombreux à travers le monde. Ce sont eux qui ont fait évoluer les choses dans le bon sens, notamment dans l'industrie du textile.

Quelles sont les autres manières d'agir pour les consommateurs ?

Les marques sont très sensibles à leur réputation sur les réseaux sociaux. Bien souvent, elles réagissent lorsque les consommateurs dénoncent, attirent l'attention, signent des pétitions. Il est également possible d'apporter son aide ou un soutien financier aux organisations non gouvernementales (ONG) qui travaillent sur ces sujets pour informer et sensibiliser. Je pense par exemple au collectif Éthique sur l'étiquette (https://ethique-sur-etiquette.org) ou à l'association Sherpa (www.asso-sherpa.org).

Le *made in* France est-il un repère valable ?

Bien sûr. La relocalisation des industries et de l'économie va dans le sens de l'histoire. Acheter localement est évidemment un moyen de mieux contrôler les conditions de fabrication d'un vêtement. D'autant que nous vivons dans un pays où les normes sociales et environnementales, aussi perfectibles soient-elles, sont nettement supérieures à celles de pays comme la Chine ou le Bangladesh.
Par ailleurs, acheter «*made in* France» est un moyen de faire revivre des savoir-faire qui ont progressivement disparu avec la mondialisation. En France, nous produisons par exemple du lin qui est exporté en Chine précisément parce que nos industries qui se servent de cette matière y ont été délocalisées. Inutile de devenir pour autant un obsessionnel du «*made in* France». On peut parfaitement acheter de façon éthique des vêtements fabriqués à l'étranger, mais cela reste un marqueur important.

Les pouvoirs publics agissent-ils suffisamment ?

Pas vraiment. Suite au drame du Rana Plaza, un texte de loi a été adopté à l'Assemblée nationale le 21 février 2017 : il oblige les 150 plus grandes entreprises françaises – celles qui regroupent plus de 5000 salariés – à élaborer un plan de vigilance. L'objectif est de «prévenir les atteintes graves envers les droits humains et les libertés fondamentales, la santé, la sécurité des personnes, ainsi que l'environnement chez les sous-traitants ou fournisseurs à l'étranger avec qui elles [les entreprises] ont une relation commerciale durable». L'idée est donc de forcer ces grandes entreprises à plus de transparence sur leurs délocalisations. Avec, à la clé, une amende de 10 à 30 millions d'euros si aucun plan de vigilance n'est mis en place et qu'une catastrophe survient. Problème : le Conseil constitutionnel a invalidé les sanctions pécuniaires initialement prévues. L'obligation existe toujours, mais les sanctions ayant disparu, l'impact de cette loi est quasiment inexistant.

Les grandes chaînes commencent-elles à s'impliquer en faveur d'un changement de modèle ?

Oui, les choses sont clairement en train d'évoluer, en particulier depuis le drame du Rana Plaza. Par exemple, H&M propose depuis plusieurs années une «*conscious collection*», Mango vient de sortir un équivalent («*Mango committed*») avec un peu de laine recyclée ou un peu de coton bio. H&M et C&A font d'ailleurs partie des plus gros acheteurs de coton bio au monde, et leurs objectifs sur ce point sont très ambitieux. Dans un autre registre, H&M s'est lancé dans la collecte de vêtements usagés dans tous ses magasins.

Ces enseignes bougent, car elles y sont obligées sous la pression des consommateurs et des ONG. Mais tant que ces marques resteront en surproduction et se livreront à une lutte acharnée sur les prix – avec les conséquences sociales que l'on connaît –, le changement fondamental de modèle ne sera pas à l'ordre du jour !

Que peut-on faire pour changer ses habitudes ?

On peut commencer par interroger notre mode de consommation : pourquoi sommes-nous éternellement insatisfaits de la façon dont nous nous habillons ? Cette insatisfaction est-elle justifiée ou non ? Peut-être, alors, prendrons-nous conscience que nous n'avons pas besoin d'acheter continuellement de nouveaux vêtements pour nous sentir bien.

Je conseille aussi de prendre le temps d'observer sa penderie et de faire du tri. En réorganisant les choses, en transformant certains vêtements, en repensant les associations, on finit souvent par s'apercevoir qu'il est possible de faire évoluer son style sans renouveler sa garde-robe.

Un autre moyen très simple et surtout très bon marché de s'habiller éthique consiste à acheter de la seconde main (friperies, vide-greniers, vente en ligne…). Comme nous consommons beaucoup de vêtements, la ressource disponible est considérable.

Enfin, il y a le marché de la mode éthique. Mais il faut reconnaître qu'il est assez réduit. On peut donc acheter en tenant compte de critères de qualité ou d'origine. Le but est surtout d'éviter l'achat éphémère.

Exit Zara, Mango et C&A ?

À chacun de voir. Il est important de prendre conscience qu'acheter un vêtement n'est pas un acte sans conséquence. Acheter, oui, mais en respectant certains critères.

Chacun peut se faire plaisir selon ses centres d'intérêt et ses priorités. Ceux qui sont attachés à produire moins de déchets se tourneront vers les friperies ; ceux qui ont la fibre plus écologique, avec une vigilance sur les pesticides, se concentreront sur le coton bio… Car il n'est pas évident de traiter tous les enjeux de front.

Mieux s'habiller, c'est un problème de riches ?

La mode éthique coûte généralement plus cher que la *fast-fashion*, même si certaines marques proposent désormais des vêtements à des prix à peine supérieurs à ceux de marques standard, en dépensant moins dans le marketing notamment. Toutefois, si les prix sont souvent supérieurs, c'est aussi l'occasion d'acheter moins mais mieux. Encore une fois, sur le marché de la seconde main, on peut vraiment trouver plein de merveilles pour le prix d'un café ! On consomme alors de façon éthique, on peut varier les plaisirs, et cela coûte bien moins cher que dans les grandes enseignes.

Par où commencer ?

Le seul conseil que j'aurais à donner aux passionnés de mode est de cultiver son style. Si l'on veut résister aux sirènes de l'industrie qui nous incitent à acheter quel que soit le prix à payer (d'un point de vue à la fois social et environnemental) en arguant que cela ne coûte pas cher, la première chose à faire est de prendre le temps de savoir qui l'on est et de réfléchir à l'image que l'on souhaite renvoyer. Il ne reste plus alors qu'à mettre ces deux éléments en cohérence. À partir de là, on commencera à consommer de façon plus consciente. Mais, encore une fois, cela dépend avant tout de nos centres d'intérêt. Néanmoins, si j'avais une seule recommandation à donner, ce serait d'acheter moins.

ET SI LE « MADE IN FRANCE » ÉTAIT LA SOLUTION ?

LES FRANÇAIS PLÉBISCITENT LA FABRICATION HEXAGONALE

Pour plus de 90 % d'entre nous, acheter français est un acte citoyen si le produit a été fabriqué selon des normes sociales respectueuses des salariés. Une majorité de Français voit dans le « *made in* France » un gage de qualité. Ils sont même prêts à payer un peu plus cher. S'agissant des vêtements, même logique : à la question « pour quel produit la fabrication française compte-t-elle davantage ? », 74 % répondent l'habillement, juste après l'alimentation.

Source : Kantar TNS, « Les Français et le "*made in* France" », 2010

C'est dit !

Hélène Sarfati-Leduc, fondatrice associée de French Bureau, bureau d'études sur la mode responsable

« On s'est rendu compte qu'acheter toujours moins cher et loin, c'est un peu comme scier la branche sur laquelle on est assis. Au final, le consommateur se dit qu'il va faire un acte citoyen en achetant local. Si l'on est en France, on part du principe qu'on est déjà responsable et éthique, puisque nous avons des conditions et un Code du travail plus exigeants qu'un peu partout ailleurs sur la planète, ainsi que des normes environnementales européennes assez rigoureuses. Cela me semble donc totalement incohérent de proposer du "made in France*" sans être complètement éthique. Et cela, aussi bien dans la communication, le marketing que dans l'ensemble de la stratégie de l'entreprise, qui doit être éthique et responsable. ».*

Le saviez-vous ?

La réglementation n'est pas très contraignante et s'affirmer « *made in* France » implique seulement que le produit ait été transformé dans notre pays. Ainsi, un jean fabriqué en Asie et assemblé en France pourra être vendu avec cette mention. Afin d'établir les conditions d'un achat confiant, un label a été créé : Origine France Garantie (www.originefrancegarantie.fr). Pour en bénéficier, il faut répondre à deux critères :
– entre 50 et 100 % du prix de revient unitaire est français ;
– le produit prend ses caractéristiques essentielles en France.

1083 : VOUS AVEZ DIT « *MADE IN* FRANCE » ?

Avec des jeans et des chaussures fabriqués dans un rayon de 1083 km – les deux points les plus éloignés de l'Hexagone (Porspoder et Menton) –, **1083**, dont le siège est à Romans (Drôme), donne l'exemple de la relocalisation : des tarifs corrects (à partir de 99 euros), des lignes qui n'ont rien à envier aux géants de la mode et des vêtements vraiment français. Si les rivets et le coton sont importés, tout le reste est fabriqué en France.
Preuve que c'est possible : les jeans sont tissés à Charlieu, teints à Tourcoing et confectionnés à Marseille.

Une réussite commerciale qui, selon son fondateur, Thomas Huriez, ne doit rien au hasard : « On dit ce qu'on fait, on fait ce qu'on dit. C'est-à-dire que, sur les réseaux sociaux, on explique chacune des problématiques à laquelle on doit faire face et les solutions mises en place. Je pense que cette démarche de transparence et de cohérence donne du crédit et constitue la preuve de notre sincérité. Ainsi, d'un point de vue commercial, c'est beaucoup plus puissant qu'une banale carte de fidélité. »

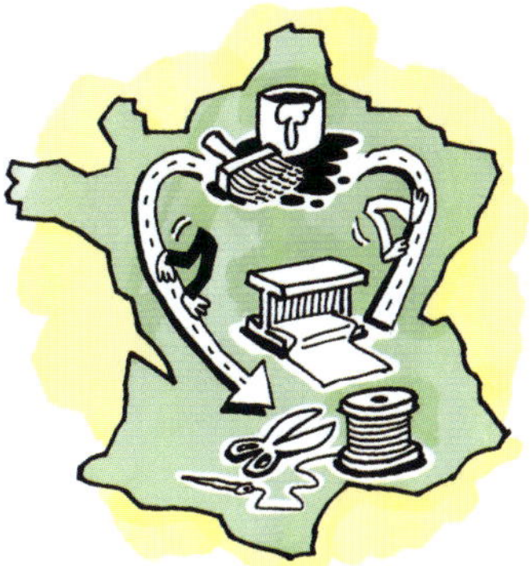

→ www.1083.fr

ACHETER MIEUX OU LOUER SES VÊTEMENTS

L'EMBARRAS DU CHOIX

Courir après une bonne affaire est légitime, mais acheter sans compter avec la seule obsession de faire des économies n'est pas durable. Il existe aujourd'hui quantité d'opportunités pour s'habiller : on peut acheter d'occasion grâce à de nombreux sites Internet, tels **Vinted** (www.vinted.fr) ou **Videdressing** (www.videdressing.com) ; louer ses vêtements est une autre option, avec notamment **Les Cachotières** (www.lescachotieres.com), un site qui s'adresse exclusivement aux femmes ; enfin, le troc est toujours d'actualité, avec par exemple **Trocvestiaire** (www.trocvestiaire.com).

TALE ME, POUR LES FUTURES MAMANS

Pas de meilleure période pour essayer la location de vêtements que pendant une grossesse ! C'est le service proposé par **Tale me**, qui l'étend également aux enfants jusqu'à l'âge de 6 ans. Son offre de vêtements de créateurs est disponible dans toute l'Europe.

➜ **www.taleme-shop.com**

JOINDRE L'UTILE À LA BEAUTÉ

DES SACS FABRIQUÉS AVEC DES CHAMBRES À AIR RECYCLÉES

Fantome fabrique à Bordeaux des sacs, des ceintures, des housses d'ordinateur et des accessoires. Pourquoi utiliser des chambres à air recyclées ? Pour le fondateur, c'est d'abord un engagement écologique, mais aussi un parti pris esthétique et fonctionnel. Solide, original et fait à la main, en France et avec goût,

le résultat est plutôt réussi. Et parce que son métier consiste à réanimer les morts (les chambres à air) et que ses créations sont si robustes qu'elles en deviennent presque immortelles, le fondateur a choisi de donner le nom de « Fantome » à sa marque. Une histoire qui n'est donc pas prête de se terminer...

→ **www.maison-fantome.fr**

100 % RÉCUP'

La Débrouille compagnie met la récup' au cœur de la filière de recyclage des déchets, en valorisant notamment le travail des artisans et des artistes. Sur sa boutique en ligne, l'offre est aussi large que diversifiée : boucles d'oreille, porte-monnaie, tapis, babouches et même bavoirs pour les plus petits. Le tout fabriqué à partir de matériaux qui étaient destinés à la poubelle ! Forcément, cela fait réfléchir et donne envie de s'y mettre. L'association organise d'ailleurs des ateliers pour les petits et les grands afin de s'initier à la récup' utile : Jardin récup', Festival des canettes, Papier récup', Le plastique, c'est fantastique... Tout un programme !

→ **www.debrouille.com**

DES FRUITS ET DES COULEURS

DU PRÊT-À-PORTER FABRIQUÉ AVEC DU CUIR… D'ANANAS

On y pense rarement, mais nos chaussures, sacs et autres accessoires sont souvent fabriqués avec du cuir, qui n'est rien d'autre que de la peau animale... Si pour certains c'est normal, pour d'autres c'est problématique, voire inconcevable.

Pour ceux-là, **La Pradelle** a créé une boutique en ligne qui propose du prêt-à-porter, mais aussi des cosmétiques et une épicerie fine véganes. Les produits vendus excluent toute origine animale.

La société propose ainsi des ceintures et des chaussures en cuir... à base de fibres d'ananas ! On appelle cela le Piñatex, et il a sans doute un avenir durable devant lui.

→ **www.la-pradelle.fr**

TEINDRE LES TEXTILES GRÂCE À DES ÉPLUCHURES DE FRUITS ET LÉGUMES

Le projet **Local Colours**, né en Suisse, a recours à des résidus alimentaires pour teindre les textiles. Avocats, betteraves, oignons ou encore brugnons donnent leurs belles couleurs à des carrés de soie produits dans un petit atelier.

Caroline Fourré, la jeune fondatrice et designer, en est encore au stade du projet puisque tout est artisanal. Elle nous explique comment elle procède : « Je suis allée à la bibliothèque, j'ai cherché sur Internet et, en croisant différentes sources, j'ai simplement essayé de teindre de façon naturelle des morceaux de tissu achetés à gauche, à droite. J'utilise un processus de teinture à chaud : je fais un bain de teinture dans de l'eau bouillante, le colorant sort de la peau du fruit ou du légume, puis se dissout dans l'eau. Je retire ensuite les peaux et j'obtiens ainsi une eau colorée dans laquelle je trempe le tissu. »

Source : France Inter, « Social Lab », 11 juin 2016

CHAPITRE 4

S'ÉCLAIRER ET SE CHAUFFER

SANS FAIRE MONTER LA TEMPÉRATURE

KIT DE SURVIE

1. SI VOUS ENVISAGEZ DES TRAVAUX À VOTRE DOMICILE, PENSEZ ISOLATION ET MODE DE CHAUFFAGE POUR GAGNER EN CONFORT ET ALLÉGER VOTRE FACTURE

2. OPTEZ POUR UNE OFFRE D'ÉLECTRICITÉ RENOUVELABLE EN DIRECT PRODUCTEUR : UN PAS DE PLUS VERS LA TRANSITION ÉNERGÉTIQUE

3. CHEZ VOUS, 19 °C EST UNE TEMPÉRATURE CONSIDÉRÉE COMME « IDÉALE ». CHAQUE DEGRÉ EN PLUS FAIT CONSOMMER 7 % D'ÉNERGIE SUPPLÉMENTAIRE

Allumer la lumière, un radiateur, un appareil électroménager… Autant de gestes auxquels on ne prête plus attention. Il nous paraît aujourd'hui normal d'accéder à l'énergie de façon illimitée au meilleur tarif pour s'éclairer et se chauffer. Mais cela a un coût : dépendance énergétique liée aux énergies fossiles, risque nucléaire, émissions de gaz à effet de serre, pollution, déficit de la balance commerciale…

Pourtant, des solutions simples à mettre en œuvre existent : passer à une électricité renouvelable, baisser sa consommation énergétique… Au-delà des effets sur la planète, notre santé ou nos finances, c'est tout un secteur économique créateur d'emplois qui est en jeu. Nous détenons les clés de la transition énergétique !

Quel bonheur, quelle plénitude de suivre ce cortège de volatiles jusqu'aux pays chauds...
KRA!
Ça va monsieur?
Rien de cassé?
Oh mais je vous connais... Vous êtes...
BUNK
LA FÉE ÉLÉCTRICITÉ
L'incarnation de l'innovation et du génie humain! Merveille des merveilles, supernova parmi les astres!
Puis-je avoir un autographe?
Voyez ça avec mon agent.
Yahou!

Houille ! Voilà donc le coté obscur de la force... schiste et hydrocarbures ! On fait feu de tout bois pour s'alimenter en énergie !
Vous êtes de ceux qui veulent revenir à la bougie ?
CLAC
Ah Ah Ah
Grunt ?
Non bien sûr, même si ça a un certain charme.
Continuons à découvrir, à encourager la recherche, à décloisonner les champs des possibles et à ouvrir les yeux sur les solutions insoupçonnées qui nous entourent !
Le meilleur est à venir !
Mais en attendant...
Vous ne voudriez pas éteindre la lumière ?
...si je puis me permettre ...
NAT

SE CHAUFFER, QUELQUES DONNÉES CLÉS

En 2013, dans le secteur résidentiel français, le chauffage a constitué 67 % des consommations énergétiques ; la production d'eau chaude sanitaire en a quant à elle représenté 10 %. 77 % des dépenses énergétiques sont donc dédiées à la production de chaleur.

En matière de chauffage, la consommation moyenne des habitations est plus importante en France (138 kWh/m^2) qu'aux Pays-Bas (110 kWh/m^2), alors qu'il fait bien plus froid au pays des tulipes !

La principale cause de ces mauvais résultats est l'ancienneté du bâti en France ; les deux tiers de nos bâtiments ont en effet été construits avant 1975, selon des normes de construction peu tournées vers l'isolation et les économies d'énergie, en particulier dans les années 1960-1970.

Une isolation thermique performante peut réduire la consommation d'énergie de 60 % ou plus : il s'agit donc d'une priorité.

Sources : Ademe, « Se chauffer sans gaspiller », janvier 2017 ; « Un logement plus confortable et plus économe », mai 2016

Selon une enquête réalisée à partir de près de 20 000 bilans énergétiques :

- En 2016, chaque foyer français a dépensé 1 611 euros en moyenne pour se chauffer.
- L'électricité est l'énergie de chauffage la plus chère, avec 15,90 €/m² par an ; viennent ensuite le fioul (12,60 €/m² par an), le gaz (11,50 €/m² par an) et le bois (6,10 €/m² par an).
- Les énergies les plus utilisées par les Français pour se chauffer sont : l'électricité (38 %), le gaz (35 %), le fioul (19 %) et le bois (5 %).
- La qualité énergétique des logements des Français est médiocre, avec une étiquette énergétique moyenne située entre D et E.

Source : www.quelleenergie.fr

Quel est le meilleur système de chauffage ?

1. Les pompes à chaleur*
2. Les appareils de chauffage au bois performants**

* Elles permettent d'économiser de l'électricité par rapport à de simples radiateurs par effet Joule : par exemple, pour un coefficient de performance de 3, une pompe à chaleur consomme trois fois moins d'électricité qu'un radiateur classique.
** Ils permettent de transférer plus de 85 % de l'énergie du bois dans le foyer, contre 15 % pour un foyer ouvert ; ils réduisent également drastiquement les émissions de particules fines.

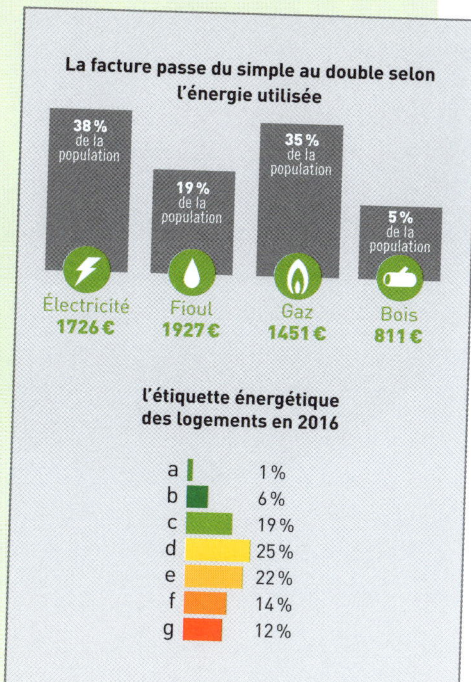

D'OÙ VIENT L'ÉLECTRICITÉ QUE NOUS CONSOMMONS ?

En France, l'électricité qui arrive dans nos prises de courant a plusieurs origines. Le mix électrique désigne la répartition des filières de production à un instant T ou sur une période donnée.

Production électrique en France en 2017 par rapport à 2016

- **Nucléaire : 71,6 % (– 1,3 %)**
- **Hydraulique : 10,1 % (– 16,3 %)**
- **Gaz : 7,7 % (+ 15,4 %)**
- **Éolien : 4,5 % (+ 14,8 %)**
- **Solaire : 1,7 % (+ 9,2 %)**
- **Bioénergies : 1,7 % (+ 4,1 %)**
- **Charbon : 1,8 % (+ 33,1 %)**
- **Fioul : 0,7 % (+ 45,3 %)**

Source : Réseau de transport d'électricité (RTE), « Bilan électrique français 2017 »

La production d'électricité renouvelable s'élève à **19,6 %**. En parallèle, la loi de 2015 sur la transition énergétique pour la croissance verte prévoit de porter la part des énergies renouvelables à **23 %** de la consommation finale brute d'énergie en 2020 et à 32 % en 2030.

L'ÉLECTRICITÉ RENOUVELABLE, C'EST QUOI ?

C'est une électricité produite grâce au mouvement de l'eau, au vent, au soleil, à certains de nos déchets... Elle est durable puisqu'elle n'hypothèque pas l'avenir de la planète et renouvelable car elle n'est pas créée à partir de matières dont le stock est limité dans la nature. Elle est donc inépuisable et peu polluante en termes de production, même si un débat existe sur la rareté des matériaux utilisés pour la fabrication des panneaux solaires.

Les formes d'électricité renouvelable

- **L'énergie hydraulique :** on parle ici d'hydroélectricité. À l'origine de cette énergie, entre autres, la force du débit des cours d'eau, des fleuves ou des rivières. Ce procédé se développe depuis la fin du XIXe siècle.

- **L'énergie solaire :** c'est grâce aux panneaux photovoltaïques, et en particulier au silicium qu'ils contiennent, que les rayons du soleil sont transformés en électricité.

- **L'énergie éolienne :** il s'agit de l'énergie produite grâce à la force du vent qu'un générateur transforme.

- **La biomasse :** elle utilise des procédés chimiques ou thermiques qui permettent de transformer des matières organiques en électricité.

Électricité verte *vs* électricité « Canada Dry »

Lorsque l'on souscrit à une offre d'électricité « verte » ou renouvelable, on a le sentiment, à juste titre, de participer à la transition énergétique : en somme, de moins polluer. Pourtant, alors que le nombre d'abonnés à ce type d'offre ne cesse d'augmenter, cette initiative n'a qu'un effet modéré sur le développement des énergies renouvelables.

• Comment ça marche ?

Le marketing est vert, mais les fournisseurs s'appuient, dans leur très grande majorité, sur un outil de certification : les garanties d'origine (GO). Une garantie d'origine est une « étiquette verte » certifiant que le MWh que vous consommez a bien donné lieu à la production d'un MWh d'électricité renouvelable en Europe durant l'année (40 % des GO utilisées en France proviennent de l'étranger).

À l'exception de certains fournisseurs engagés comme, par exemple, Enercoop, tous les fournisseurs français s'appuient sur cet outil pour vendre du vert en achetant l'équivalent de la consommation de leurs abonnés en GO. La seule garantie concernant l'électricité verte est donc que les MWh consommés par le client ont bien été produits un jour quelque part sous forme d'énergie renouvelable. En effet, comme ces MWh n'ont pas été effectivement vendus sous cette forme, l'étiquette verte est affectée à d'autres MWh, qui, eux, peuvent être d'origine nucléaire.

Le prix d'une GO étant très bas (même s'il a tendance à augmenter), des fournisseurs sont en mesure de vendre des offres « vertes » au même prix qu'une offre classique, voire moins cher, pour se différencier de la concurrence. Alors qu'en réalité, la « véritable » électricité verte a un prix, en particulier en période de transition énergétique.

• Quels effets lorsque l'on s'abonne à une offre d'électricité renouvelable ?

En dehors des fournisseurs les plus engagés cités ci-dessus, dans les conditions actuelles, c'est un signal envoyé au marché tout au plus : sur le plan de la transition énergétique, cela a un impact modéré ! Néanmoins, restons optimistes : les deux tiers de la contribution au service public de l'électricité (soit 15 % de la facture, quels que soient l'abonnement et le fournisseur) sont investis dans les énergies renouvelables.

• Enercoop, le bon élève ?

Enercoop est une coopérative et a l'avantage de fonctionner sans GO. Enercoop signe des contrats directement avec des producteurs d'électricité renouvelable (90% hydraulique, 5% éolien, 3% biogaz, 2% photovoltaïque) qui fournissent en temps réel le volume effectivement consommé par ses clients en échange d'une rémunération équitable. Si ce fournisseur s'approvisionne le plus souvent auprès d'anciennes installations, il a le mérite de reverser 56% de ses bénéfices à un fonds d'investissement spécialisé dans le développement de moyens de production d'énergie renouvelable. Les tarifs sont plus élevés (d'environ 15%), donc, mais les effets plus concrets.

Sources : note interne d'un organisme d'État ; www.changeonsdenergie.com

NUCLÉAIRE : C'EST QUOI, LE PROBLÈME ?

C'est dans les années 1970 que la France s'est massivement tournée vers le nucléaire, au lendemain du choc pétrolier et de l'explosion des prix du pétrole, source d'énergie fossile dont nous dépendions alors largement.

L'idée des promoteurs du nucléaire était de garantir l'indépendance énergétique de la France. Dès 1974, le plan Messmer avait prévu la construction de six centrales par an. La France est alors passée d'une « addiction » au pétrole à une « addiction » au nucléaire.

En 2018, la France est le pays le plus nucléarisé au monde, avec cinquante-huit réacteurs.

La loi relative à la transition énergétique pour la croissance verte adoptée le 17 août 2015 a pour objectif de réduire la part du nucléaire dans la production de l'électricité à 50 % à l'horizon 2025.

TROIS BONNES RAISONS DE SE LIBÉRER DU TOUT-NUCLÉAIRE

Sortir du nucléaire ne signifie pas qu'il faut ignorer les enjeux sociaux et locaux qui y sont liés. Cette filière impacte des territoires et des emplois, ce dont il faut évidemment tenir compte. Si la politique de transition énergétique de l'État n'intègre pas l'ensemble des enjeux de la filière, il n'y aura pas de véritable transition. Pour autant, se libérer de ce mode de production à plus ou moins long terme est nécessaire, ceci pour plusieurs raisons :

1. Le risque zéro accident n'existe pas.
2. Une centrale qui fonctionne normalement pollue, notamment en raison des déchets qu'elle produit, et fait courir des risques à notre santé ainsi qu'à l'environnement.

Pour se faire une idée de la durée de stockage des déchets nucléaires, voici quelques exemples d'activité radioactive pour un gramme de matière. Il s'agit de la durée nécessaire pour que ces éléments deviennent totalement inoffensifs :

Radioélément	Période radioactive
Iode 131	8 jours
Césium 137	30 ans
Plutonium 239	24 000 ans
Uranium 238	4,5 milliards d'années

Source : Agence nationale pour la gestion des déchets radioactifs, www.andra.fr

3. Le prix de l'électricité d'origine nucléaire n'a vocation qu'à augmenter : investissements liés à la sécurité, mises aux normes, démantèlements programmés... Le parc nucléaire français va coûter de plus en plus cher, avec le risque de voir notre facture d'électricité augmenter.

C'est dit !

Environ 2 kg de déchets radioactifs sont produits par habitant et par an.

En partenariat avec l'éléphant la revue de culture générale

QUIZ

1/ Le chauffage est le plus gros poste de consommation d'énergie dans l'habitat.

❑ Vrai ❑ Faux

2/ Dans une maison non isolée, une grande partie de la chaleur peut s'échapper. Quelle partie de la maison présente les pertes de chaleur les plus importantes ?

❑ Le toit ❑ Le plancher ❑ Les fenêtres ❑ Les murs

3/ En France, nous avons en moyenne vingt-cinq points lumineux dans nos habitations.

❑ Vrai ❑ Faux

4/ Si tous les foyers utilisaient des appareils électroménagers économes (A+++), l'économie d'électricité réalisée équivaudrait à la consommation courante de 200 000 Français.

❑ Vrai ❑ Faux

5/ La température satisfaisante pour l'intérieur d'un logement est de 25 °C.

❑ Vrai ❑ Faux

6/ Nos appareils en veille sont responsables de notre consommation d'électricité à hauteur de...

❑ 1 % ❑ 5 % ❑ 10 % ❑ 20 %

LE MAUVAIS CONSEIL

7/ Parmi ces conseils, lequel ne permet pas de limiter sa consommation d'énergie ?

❑ Dégivrer son réfrigérateur ❑ Enlever les couvercles des casseroles pendant la cuisson

❑ Laver son linge à une température plus froide ❑ Isoler son logement

QUIZ. 1/ Vrai, le chauffage représentait 67 % de la consommation d'énergie dans l'habitat en 2013. **2/** Il s'agit du toit. En effet, l'air chaud, plus léger, s'élève naturellement et vient en grande partie se loger sous le toit. Pour réaliser des économies d'énergie, l'isolation de la toiture s'impose donc en priorité. **3/** Vrai, nous en avons vingt-cinq et dépensons entre 325 et 450 kWh par an pour notre éclairage. **4/** Faux, cela équivaudrait à la consommation courante de 2 millions de Français ! **5/** Faux, la température satisfaisante est de 19 °C ! Chaque degré en plus fait consommer 7 % d'énergie supplémentaire. **6/** Ils sont responsables à hauteur de 10 % de notre consommation d'électricité. Selon le baromètre AFP/PowerMetrix de 2013, les appareils laissés en veille représentent 2 milliards d'euros de dépenses, soit 86 euros par foyer. **7/** Le seul conseil à ne pas suivre est celui d'enlever les couvercles des casseroles. En les couvrant, il est possible de consommer quatre fois moins d'énergie.

POURQUOI ÉVITER LA «SURCHAUFFE» ?

Viser la performance énergétique pour son logement a plusieurs avantages.

POUR SON CONFORT

Vivre dans un logement bien isolé, au sein duquel le système de chauffage est efficace et la chaleur maîtrisée, a de nombreux avantages, dont le confort que cela procure. Si l'on ne choisit pas toujours la performance énergétique de son logement, s'impliquer dans la démarche de l'améliorer n'est pas seulement une question d'écologie ou d'économie, c'est aussi une question de qualité de vie.

POUR SES FINANCES

- Diviser par quatre, cinq, voire six ses besoins énergétiques pour se chauffer, c'est diviser les dépenses qui vont avec.
- Le prix de l'électricité a augmenté de plus de **30 %** en dix ans : **50 %** pour le gaz naturel et **100 %** pour le fioul ! Avoir recours à des modes de chauffage peu gourmands ou associés à une énergie gratuite (solaire, chaleur naturelle) peut permettre de réaliser d'importantes économies et de maîtriser son budget.
- Choisir d'autoproduire son électricité de manière partielle, c'est s'assurer de la stabilité d'une partie de sa facture pendant les vingt prochaines années.

POUR LA VALEUR DE SON BIEN

Depuis le 1er janvier 2011, un bien immobilier mis en location ou en vente doit être accompagné du résultat du diagnostic de performance énergétique (DPE), avec une note de A à G afin d'informer le locataire ou l'acquéreur du degré d'isolation thermique.

POURQUOI PRENDRE LE CHEMIN D'UNE ÉLECTRICITÉ VERTE ?

Alors que (seulement) 50 % des Français savent qu'il est possible de changer de fournisseur, 54 % sont favorables à la souscription d'une offre verte et 10 % sont même prêts à le faire si elle est plus onéreuse. L'envie est donc là et les raisons de s'y mettre ne manquent pas !

Source : Le médiateur national de l'énergie, « Baromètre Énergie-Info 2017 », 17 octobre 2017

S'abonner à une offre « verte » de qualité fait évoluer notre relation à l'électricité. Cette démarche signifie que consommer de l'énergie n'est pas un geste anodin, aussi indispensable et fréquent soit-il. Cette prise de conscience est l'occasion de prendre de nouvelles habitudes, aux effets immédiats.

Moins consommer, c'est réaliser des économies et faire baisser la production électrique

Entre 2011 et 2017, les chiffres de la consommation électrique en France ont été globalement stables. D'après le Réseau de transport électrique (RTE), cela s'expliquerait par « l'évolution de la croissance économique, la modification du tissu industriel français, la tertiarisation des activités économiques et [des] effets de la maîtrise de la consommation ».

L'enjeu serait notamment que les pratiques individuelles changent et participent non à la stabilisation, mais à la baisse sensible de la consommation. Ce scénario comporte plusieurs avantages. Tout d'abord, c'est une source d'économie à l'échelle de chacun. Si le budget annuel d'un foyer alloué à l'électricité varie en fonction de plusieurs critères qui rendent les chiffres un peu approximatifs, on peut tout de même dresser une estimation à partir de quelques éléments clés.

La facture d'électricité d'un foyer selon sa surface et le mode de chauffage

- **Si votre logement est « tout-électrique » (chauffage, chauffe-eau, cuisson, éclairage…) :**

Surface	Budget annuel
20 m²	600 à 1 000 euros
50 m²	1 000 à 1 750 euros
70 m²	1 400 à 2 450 euros
100 m²	2 000 à 3 500 euros

- **Si votre logement n'utilise l'électricité que pour la lumière et l'électroménager :**

Surface	Budget annuel
20 m²	260 à 300 euros
50 m²	Environ 300 euros
70 m²	Environ 350 euros
100 m²	Environ 500 euros

Source : www.kelwatt.fr

Réaliser des économies sur le budget électricité résulte de petits gestes aux grands effets :

- Les appareils en veille font augmenter notre consommation de 10 %.

- Quinze à cinquante équipements par foyer en veille représentent un coût annuel moyen de 80 €.

- 19 °C est une température ambiante considérée comme satisfaisante, chaque degré supplémentaire augmentant la consommation d'environ 7 %.

- Le programme « éco » d'un lave-linge ou d'un lave-vaisselle peut faire économiser jusqu'à 50 % d'énergie sur un cycle.

- Au-delà de 3 mm, le givre dans un congélateur entraîne une augmentation de 30 % de sa consommation électrique.

- Si tous les foyers utilisaient des appareils électroménagers économes (A+++), l'économie réalisée équivaudrait à la consommation courante d'électricité de deux millions de Français !

- Passer au « zéro halogène » : le remplacement de cinq lampes halogènes de 50 W par des lampes à LED de 7 W permet une économie de 720 euros sur la durée de vie des LED (soit quinze ans), car on économise l'électricité, mais aussi les coûts du remplacement fréquent des lampes halogènes (qui ont une faible durée de vie).

Source : Ademe, « Réduire sa facture d'électricité. Limiter la consommation de ses équipements », avril 2017

Mieux consommer, c'est participer à la transition énergétique et c'est facile

En choisissant un fournisseur d'électricité renouvelable engagé, tel Enercoop, vous demandez à celui-ci d'injecter l'équivalent de votre consommation en électricité verte dans le mix électrique. Plus vous êtes nombreux à vous abonner à ce type d'offre, plus la filière verte se développe, au détriment des autres. Vous menez une action concrète pour participer à la transition énergétique.

Changer d'offre ne fait courir aucun risque : le tarif est clair, la transition technique est simple et votre nouveau fournisseur se charge d'effectuer les démarches pour votre compte. Inutile de changer de compteur et pas de danger de subir une coupure.

ET SI ON RÉINVENTAIT LE FEU ?

ENTRETIEN AVEC L'EXPERT

David Marchal est directeur adjoint Productions et Énergies durables à l'Agence de l'environnement et de la maîtrise de l'énergie (Ademe). En clair, il est spécialiste des questions liées à la transition énergétique.

Notre rapport à l'énergie est particulier : elle doit être disponible en continu, de manière illimitée, à tel point que l'on ne se rend plus compte de la réalité que cela recouvre…

C'est un rapport qui a beaucoup évolué ces trente ou quarante dernières années. Jean-Marc Jancovici [spécialiste des questions environnementales] a affirmé qu'un litre de pétrole délivrait autant d'énergie mécanique dans un moteur que l'équivalent d'une dizaine d'esclaves. Si la comparaison peut paraître un peu décalée aujourd'hui, il est vrai qu'un litre de pétrole, c'est énormément d'énergie. Il est vrai aussi que l'énergie arrive dans nos prises électriques et que nous avons l'habitude d'y avoir accès sans limite, avec l'idée sous-jacente que cela n'est pas cher.

Les consommateurs ont-ils conscience des enjeux de la production énergétique ?

Nous le comprenons tous de façon un peu abstraite, par le biais de ce que nous entendons dans les médias – les enjeux géostratégiques, le prix du pétrole ou le cours du gaz –, mais nous avons peut-être moins compris notre très forte dépendance aux énergies importées. Je pense que nous n'avons pas encore assez réalisé que cette énergie pourrait être produite sur notre territoire. Le bois-énergie, l'éolien, le photovoltaïque ou encore la méthanisation sont des énergies qui arrivent ou se développent sur notre territoire et que l'on peut valoriser en évitant par la même occasion les importations. Ce sont des enjeux importants : par exemple, produire 1 mégawattheure (MWh) de chaleur *via* le bois, c'est éviter 1 MWh de fioul ou de gaz importé, ce qui permet de créer de la valeur en France plutôt que de faire fuir des capitaux à l'étranger. C'est une réalité dont on ne se rend pas forcément compte au quotidien.

Quels sont les comportements qu'il faudrait corriger en urgence au quotidien ?

Je ne pense pas que pointer les « mauvais gestes » soit utile ; il faut plutôt mettre en avant les bons, car c'est souvent par ignorance que l'on prend de mauvaises habitudes. Se chauffer d'un degré de plus dans son logement, par exemple, c'est augmenter de 7 % sa facture d'énergie.

Le chauffage est un élément majeur. Ne faudrait-il pas davantage sensibiliser le grand public sur ce point plutôt que de mettre seulement en avant les « petits gestes » ?

L'enjeu est de proposer des mesures accessibles au plus grand nombre. Dans le panel d'actions possibles, l'information, le fait de savoir combien on consomme et à quel prix sont des points très importants car, sans ces données, on ne peut pas prendre de décisions. Par exemple, avec les anciens compteurs électriques et la mensualisation de la facturation, on est très mal sensibilisés au fait que notre facture annuelle se concentre à 90 % sur la période hivernale (pour ce qui est du chauffage électrique). L'arrivée des compteurs intelligents est une première étape dans la sensibilisation des particuliers à leur consommation.

Par ailleurs, un certain nombre de petits gestes font une grande différence. Pour revenir sur les 7 % d'économie réalisés en baissant la température de son logement d'un degré, à l'échelle d'un foyer, ce n'est peut-être pas grand-chose, mais ramené à l'échelle de la population française, les conséquences seront beaucoup plus importantes, comme par exemple la fermeture d'une centrale nucléaire. On peut aussi évoquer la question des équipements : le fait d'avoir créé des catégories en fonction de la consommation d'énergie (A, B, C…) a poussé les fabricants à améliorer leurs pratiques, mais cela a aussi un effet sur les consommateurs. Acheter un appareil classé A +++ va peut-être coûter 100 euros de plus, mais l'économie générée peut avoisiner les 50 euros par an. Enfin, sur la question spécifique du chauffage, on peut faire des choix de rénovation (isoler, installer un poêle à bois, etc.) qui auront un impact important sur sa consommation d'énergie.

Mieux se chauffer, dans de nombreux cas, est assorti de dépenses... C'est un problème de riches ?

Je ne le pense pas : c'est presque plutôt un problème de « pauvres », si je reprends votre terminologie. Aujourd'hui, la précarité énergétique est un enjeu énorme : comment permettre aux ménages les plus modestes de rénover leur logement pour vivre dans des conditions correctes ? Car il est vrai que rénover son logement, l'isoler, passer à des énergies renouvelables, choisir des solutions plus propres et plus efficaces, cela a un coût à l'investissement.

Une chaudière bois va par exemple coûter plus cher qu'une chaudière fioul. Mais sur la durée de vie, si l'on tient compte du prix de l'énergie, cela va coûter moins cher. C'est donc pertinent économiquement, si l'on raisonne en fonction de la durée de vie des appareils ! Il faut savoir qu'aujourd'hui, les meilleures façons de se chauffer en France, du point de vue des coûts, c'est avec le bois (notamment les poêles à bois) et les pompes à chaleur. En revanche, comme cela coûte plus cher, il est important d'accompagner les ménages pour qu'ils puissent prendre ces décisions d'investissement. Plusieurs systèmes vont dans ce sens, comme le crédit d'impôt pour la transition énergétique ou les certificats d'économie d'énergie. Certaines initiatives sont prises autour de ces dispositifs par des acteurs économiques, comme des entreprises qui proposent de financer à la place des particuliers, *via* un système de tiers-financement.

Il y a donc possibilité d'agir à son échelle, mais nous sommes nombreux à en être aux premiers pas... Par quoi commencer si l'on veut s'y mettre ?

En tout premier lieu, il y a un point fondamental : pas de culpabilité, il faut faire les choses avec envie et d'abord pour son confort. Je ne pense pas qu'il faille non plus entrer dans une démarche de sacrifice, mais plutôt dans une approche progressive, en commençant par des petits gestes au quotidien ou, en fonction de ses finances, en envisageant des investissements dans des équipements plus efficaces.

Il est en outre possible d'entrer dans des démarches plus engageantes, comme l'investissement dans son logement, par exemple. Mais tout le monde n'étant pas propriétaire, on peut participer à la transition énergétique par d'autres moyens. Choisir une offre d'électricité verte est un premier pas qui ne coûte pas très cher et si l'on veut aller plus loin, on peut soutenir le développement local de projets renouvelables. Des projets éoliens, photovoltaïques ou de centrales biomasse sont de plus en plus nombreux à ouvrir leur capital à l'investissement local *via* le financement participatif.

À quoi ressemblerait une société qui a fait sa transition énergétique ?

C'est une question compliquée ! À l'Ademe, nous écrivons des scénarios de transition énergétique pour imaginer ce futur. Nous estimons par exemple qu'en 2050, la France pourra consommer moitié moins d'énergie sans réduire son confort ni affecter son économie. Cette baisse des besoins énergétiques pourrait être accompagnée d'une massification des énergies renouvelables, qui pourraient représenter 70 % de l'énergie consommée, avec pour conséquence la division par quatre de nos émissions de gaz à effet de serre et la réduction du déficit de notre balance commerciale.

Vous avez évoqué le fait de changer d'offre électrique en privilégiant une énergie renouvelable ; comment s'y retrouver dans la galaxie des fournisseurs ?

En France, tous les consommateurs d'électricité participent au financement des énergies renouvelables en payant une taxe : la contribution au service public de l'électricité (CSPE). Toutefois, il est également possible de souscrire à une offre verte. Dans celle-ci, ce qui est garanti, c'est la traçabilité de l'électricité, c'est-à-dire que lorsque vous achetez l'électricité, vous êtes assuré qu'elle a bien été produite de façon renouvelable.

Pour autant, la plupart des offres vertes actuellement sur le marché ne permettent pas de financer le développement des énergies renouvelables, notamment concernant les nouveaux investissements, davantage que les autres offres ; elles en assurent seulement la traçabilité. Il existe en outre tout un panel d'offres vertes, ainsi que différents fournisseurs ; de manière générale, lorsqu'une offre verte est moins chère que les tarifs de l'opérateur historique (EDF), c'est qu'elle ne permet pas de financer davantage le développement des énergies renouvelables que les autres offres.

Cela dépend donc du sens de la démarche des consommateurs : certains veulent juste s'assurer qu'il y a bien une traçabilité, d'autres ont la volonté de soutenir davantage le développement des énergies renouvelables ; dans ce second cas, il faut faire le choix du bon fournisseur.

TOUS ACTEURS DE LA TRANSITION ÉNERGÉTIQUE

UN MODE D'EMPLOI À PORTÉE DE CHACUN

Comment moins consommer d'électricité à la maison ? C'est à cette question que ce guide gratuit publié par l'Ademe apporte une myriade de réponses concrètes aux effets immédiats.

Tous les appareils du foyer gourmands en énergie sont passés au crible : électroménager, outils connectés, éclairage ou encore chauffage (électrique). On y trouve des informations inédites. Par exemple, lequel de ces deux appareils consomme le plus : un combiné réfrigérateur-congélateur ou un sèche-linge ? Réponse : le premier, qui est deux fois plus gourmand que l'autre… Le guide insiste notamment sur les classements de ces équipements (A+++ ou D) et les effets de ces derniers sur la facture.

Pour ce qui est de la cuisine, on apprend que couvrir une casserole d'eau pour la porter à ébullition trouve demande quatre fois moins d'énergie que sans couvercle. Une comparaison est en outre faite entre deux familles équipées d'appareils plus ou moins efficaces du point de vue de leur consommation électrique. Selon le cas, la note annuelle d'électricité varie entre 1 915 et 4 895 euros.

→ **www.ademe.fr/sites/default/files/assets/documents/guide-pratique-reduire-facture-electricite.pdf**

S'ENGAGER AVEC LE FINANCEMENT PARTICIPATIF

De nombreuses plates-formes de *crowdfunding* relaient des levées de fonds locales (prêt, don, investissement), ce qui permet aux citoyens de participer de manière très concrète, en fonction de leurs moyens, à la transition énergétique.

De grosses plates-formes existent, comme **Ulule** ou **Kisskissbankbank**, mais on trouve aussi des acteurs plus spécialisés, comme **Lita.co** ou **Wiseed**.

Si vous voulez avoir l'assurance que votre financement participe de manière effective et contrôlée à la transition énergétique, vous pouvez vous fier au label « financement participatif pour la croissance verte ».

Ce label concerne toutes les formes de financement participatif (dons, prêts, capital, obligations, royalties et minibons) ; il vise les projets hébergés sur les plates-formes de financement participatif selon deux catégories :

- **inférieurs à 15000 euros.** Dans ce cas, une description des impacts du projet sur l'environnement est demandée.

- **supérieurs à 15000 euros.** Dans ce cas, une mesure de la contribution positive du projet à la transition énergétique et écologique est requise.

→ **http://financeparticipative.org/label-croissance-verte/**

ICI, LE SOLEIL BRILLE POUR TOUT LE MONDE !

Innovantes, surprenantes, rafraîchissantes, les initiatives ne manquent pas pour produire de l'énergie autrement : en voici quelques exemples remarquables.

CALAMARS ET CHOUCROUTE, QUI L'EÛT CRU ?

Méduses, algues, lucioles, certains poissons... Tous ces êtres vivants s'illuminent grâce à une réaction chimique naturelle : la bioluminescence. En imitant ce principe, une start-up française, **Glowee**, développe un système de lumière biologique utilisant les propriétés naturelles bioluminescentes d'organismes marins.

Les monuments, la signalétique, les vitrines des magasins pourraient un jour être éclairés grâce à ce procédé. Cette bonne idée a même été testée lors de la COP 21. Une innovation à suivre de près.

→ **www.glowee.fr**

La préparation de la choucroute produit beaucoup de jus. En Alsace, on dépasse les 30 millions de litres par an ! Problème : très acide, le jus de choucroute attaque même les canalisations dans lesquelles les producteurs ont, par conséquent, l'interdiction d'y déverser le liquide. Mais, très riche en matière organique et très méthanogène, il permet de produire du biogaz valorisable en énergie. Une station d'épuration exploitée par Suez et implantée dans le bassin de l'Ehn, près de Strasbourg, utilise le jus de choucroute pour en faire de l'électricité : 5 464 MWh par an de biogaz primaire sont ainsi produits, soit l'équivalent de la consommation énergétique de 2 200 Français. Ce procédé, qui consiste à optimiser la gestion des matières organiques, fonctionne aussi avec les fruits et légumes ou encore le fromage !

→ **http://stepdelehn.com/index2.html**

SUR LA ROUTE ET DANS LA RUE

Une route qui produit de l'électricité grâce à un revêtement révolutionnaire composé de panneaux photovoltaïques ? Déjà une réalité… Ce matériau est posé directement sur le bitume et répond à toutes les exigences de sécurité : il supporte poids lourds, freinages d'urgence ou cailloux. Côté performance, c'est tout aussi bluffant : 20 m^2 de dalles permettraient d'assurer les besoins d'un ménage en électricité pendant un an (hors chauffage). Créée par le groupe Colas, en partenariat avec l'Institut national de l'énergie solaire (Ines), la route solaire **Wattway** a déjà été testée avec succès dans plusieurs villes de France. Si 2,5 % des surfaces routières françaises étaient revêtues de ce matériau, 10 % de nos besoins énergétiques français pourraient être assurés.

➜ **www.colas.com/fr/innovation/la-route-solaire**

Le groupe Fonroche, basé à Roquefort dans le Lot-et-Garonne, a créé **Smartlight**, une nouvelle génération de lampadaires alimentés par des panneaux photovoltaïques. Les batteries sont chargées pendant la journée et font fonctionner des LED basse consommation durant la nuit en totale autonomie. En période de disette financière, c'est un investissement rentable pour une commune : si un lampadaire solaire coûte plus cher qu'un lampadaire classique (2 000 euros contre 1 500 euros en moyenne), il ne nécessite ensuite aucune électricité pour fonctionner.

➜ **http://www.smartlight-eu.com/**

CHAPITRE 5

SE DÉPLACER EN MODE ÉCOLO (ET SE DÉSINTOXIQUER DE LA VOITURE)

KIT DE SURVIE

1. N'UTILISER LA VOITURE QUE LORSQUE C'EST VRAIMENT INDISPENSABLE
2. VARIER LES MODES DE TRANSPORT POUR PRENDRE SOIN DE LA PLANÈTE ET DE SES FINANCES
3. MARCHER, TROTTINER, PÉDALER, C'EST BON POUR LA SANTÉ ET LE MORAL !

Chaque jour, nous sommes des millions à utiliser la voiture pour aller travailler, accompagner nos enfants à l'école ou faire les courses. Il faut reconnaître à ce moyen de transport quelques sérieux atouts : il peut être utilisé pour tous nos trajets, par tous les temps et est en permanence disponible.

Pour autant, la voiture présente également des inconvénients que la force de l'habitude nous fait oublier : elle est coûteuse, polluante et stressante (embouteillages, difficultés de stationnement, etc.).

La voiture n'est donc pas une solution universelle. Est-il justifié de privilégier ce moyen de transport, parmi la galaxie des modes de déplacement à notre disposition ?

Un auto-stoppeur ?... Pourquoi pas !
Bonjour !
Vous voyagez seul ?
Euh... oui.
Quel dommage !
Saviez-vous que 3/4 des voitures circulent avec une seule personne ?
le conducteur !
Pourquoi ne pas envisager de supprimer les autres sièges ?
De plus, en retirant les 700 kg de tôle qui vous enferment ...
... vous pourriez aisément rouler sans avoir besoin de moteur !
De quatre à deux roues, il n'y a qu'un pas.
Un élégant couvre-chef suffira à vous faire oublier cet habitacle encombrant.
Euh... alors, vous montez ou pas ?

Tout bien réfléchi, je vais plutôt choper un vélo en libre-service.
?!
Dans ce cas, BON VENT !
Espèce de dingo !
VROOoo
Ah, si j'étais une particule fine...
Je pourrais traverser les océans...
Libre comme l'air...
Porté au gré des vents...
Repousser les limites du monde connu...
Percer les mystères de la vie !
KHEUHEU
KHEUH
HEU
KHEU
HEU
Euh... je suis parti un peu loin là...
Nat!

POURQUOI SE DÉPLACE-T-ON ?

Plus de la moitié de nos déplacements concernent trois types de trajet : travailler, faire les courses et accompagner une tierce personne.

LES MOTIFS DE NOS DÉPLACEMENTS

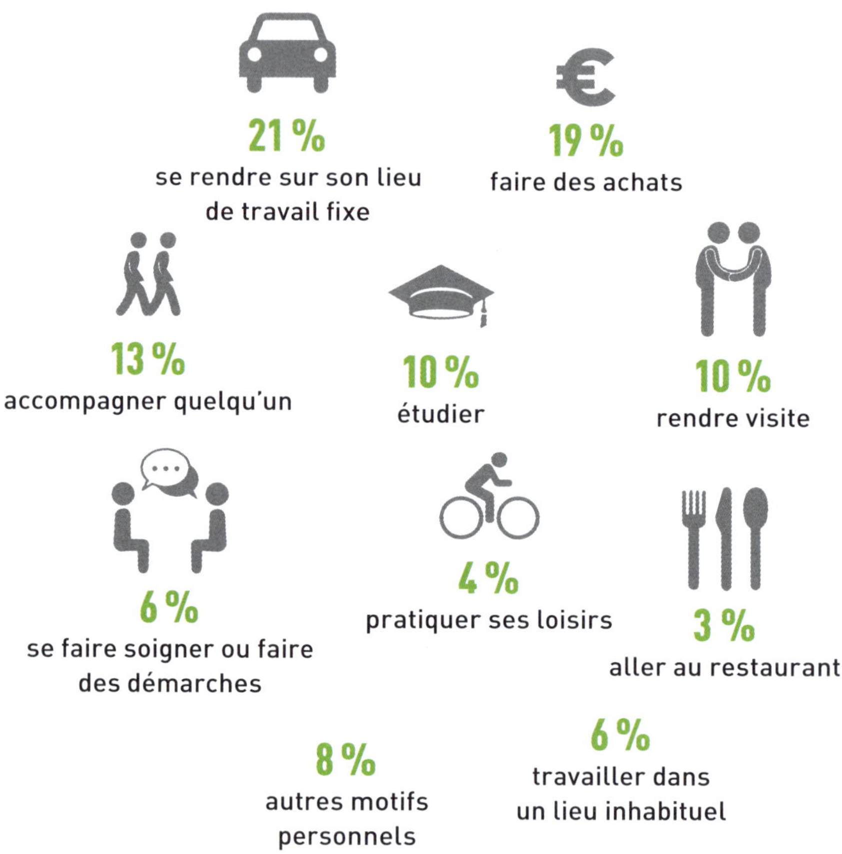

Source : SOES/Insee/Inrets, « Enquête nationale transports et déplacements 2007-2008 », 2011

COMMENT SE DÉPLACE-T-ON ?

Un soupçon de vélo, un zeste de marche, une pincée de trottinette et beaucoup, beaucoup de voiture. La part des transports en commun varie quant à elle en fonction des lieux d'habitation et de travail, mais aussi des habitudes.

LES MANIÈRES DE SE DÉPLACER

Nous nous déplaçons en moyenne 56,3 minutes chaque jour, pour parcourir 25,2 km.

- **98 %** de nos déplacements sont locaux (à moins de 80 km de notre domicile), dont **65 %** sont effectués en voiture.
- En agglomération, **40 %** des déplacements en voiture sont inférieurs à **3 km**.
- Nous effectuons **3,4** déplacements par jour en régions et **3** par jour à Paris.
- **1** déplacement sur **8** à Paris s'effectue en voiture et près de **9** sur **10** se font à quatre-roues en périphérie ou dans les petites villes.

Chaque année, les Français de 6 ans et plus effectuent environ **177 millions** de déplacements locaux.

Source : Commissariat général au développement durable, « La mobilité des Français. Panorama issu de l'enquête nationale transports et déplacements 2008 », 2010.

Pour aller travailler

- **58 % utilisent la voiture pour des trajets inférieurs à 1 km**
- **60 à 75 % pour quelques kilomètres**
- **80 % au-delà de 10 km**

Source : Insee, « Enquête annuelle de recensement », 2015

CAR ADDICTED

- **88 %** des Français estiment qu'elle est synonyme de liberté dans les déplacements.
- Pour **56 %** d'entre eux, la voiture est un lieu où l'on peut faire ce que l'on veut (ou presque !) : parler seul, chanter, etc.
- **73 %** ne voudraient pas se passer de leur voiture.
- **75 %** considèrent qu'ils ne pourraient pas se passer de voiture.
- En 2015, **337** mégatonnes de CO_2 (l'un des gaz à effet de serre) ont été émises en France, dont plus d'un tiers en raison des transports.
- **55,8 %** des émissions de CO_2 dues aux transports sont causées par les voitures.
- Au 1er janvier 2016, **69,6 %** des voitures de particuliers roulaient au diesel, **30,1 %** à l'essence, **0,30 %** à l'électricité et « autres ».
- Chaque année, **48 000** Français meurent prématurément en raison de la pollution.

Les conséquences de nos déplacements en voiture

La pollution de l'air coûterait plus de 100 milliards d'euros par an à la France, soit deux fois plus que le tabac !

Cela s'explique par les dépenses de santé, bien sûr (bronchites, asthme, cancers, etc.), mais aussi sociales, avec des salariés plus fréquemment absents ou malades. D'autres coûts auxquels on ne pense pas spontanément sont également à prendre en compte : l'impact négatif de la pollution sur les rendements agricoles (récolte de blé réduite de 10 % en région parisienne, selon l'Institut national de la recherche agronomique), sur la biodiversité et sur notre patrimoine (détérioration prématurée des monuments historiques, bâtiments publics, etc.).

Source : « Rapport de la commission d'enquête du Sénat sur le coût économique et financier de la pollution de l'air », 2015

Polluant	**Effets à court terme**	**Effets à long terme**
Particules fines (PM10, PM2,5)	Salissure des bâtiments	Aggravation des maladies respiratoires et cardiovasculaires, fibroses des poumons et de la plèvre, cancer
Ozone		Diminution des rendements agricoles, sylvicoles, piscicoles
Pluies acides (NOx, SO_2)		Dégradation des écosystèmes, érosion de la biodiversité, perturbation de la fertilité des sols
Monoxyde de carbone (CO)	Troubles respiratoires, asphyxie, gaz mortel à forte dose	Dépression, aggravation des maladies cardiovasculaires
Composés organiques volatils (COV)	Troubles respiratoires, irritation des yeux, du nez et de la gorge, réactions allergiques	Suspicion de toxicité pour la reproduction, risques avérés de cancer
Dioxyde d'azote	Irritation des bronches, aggravation des crises des asthmatiques	
Dioxyde de soufre	Inflammation des bronches, essoufflement, toux, dégradation du bâti	

Source : Ademe, « La pollution de l'air extérieur. Comprendre et améliorer la qualité de l'air », novembre 2016

Budget annuel moyen d'une voiture*

- **Clio essence : 6 063 euros pour 8 638 km parcourus**
- **308 diesel : 8 587 euros pour 16 132 km parcourus**
- **Prius hybride : 9 906 euros pour 16 132 km parcourus**

* Achat, entretien, carburant, assurance, etc.

Source : Automobile Club Association, « Budget de l'automobiliste », 2018

QUIZ

UN BOUT DE VIE

Combien de temps en moyenne un Français passe-t-il dans sa voiture au cours de sa vie ?

❑ 3 mois et 10 jours ❑ 6 mois et 10 jours ❑ 3 ans et 10 mois ❑ 6 ans et 10 mois

RENDEZ À CHAQUE AUTEUR SA CITATION !

A. « Un piéton est un monsieur qui va chercher sa voiture. »

B. « Le champignon le plus vénéneux, c'est celui que l'on trouve dans les voitures. »

C. « La seule chose que la politesse peut nous faire perdre, c'est, de temps en temps, un siège dans un autobus bondé. »

❑ Coluche ❑ Oscar Wilde ❑ Frédéric Dard

LA VOITURE ET VOUS

Pour vous, la voiture est-elle un objet de rêve ?

▲ Oui ■ Seulement quand je pars en vacances. Pas dans les embouteillages, le lundi soir... ● Pas du tout

À savoir : pour 50 % des Français, la voiture reste un objet de rêve.

Vous souvenez-vous de votre première voiture ?

▲ Je ne l'oublierai jamais/je la conduis toujours ■ Oui, je crois, je m'en souviens vaguement...
● Je n'ai jamais eu de voiture...

À savoir : 88 % des personnes interrogées en France s'en souviennent.

Pourriez-vous vous passer de votre voiture ?

▲ Plutôt m'arracher le cœur ■ J'aimerais l'utiliser un peu moins ● Je n'ai pas de voiture, je vous dis...

À savoir : 73 % des individus ne souhaitent pas se passer de leur voiture.

Quel type de voiture a votre préférence ?

▲ Mes critères de choix sont principalement la sécurité, le confort ou le look ; une voiture à énergie fossile, moins chère, me convient ■ Je préfère une automobile propre, quoiqu'un peu plus chère ● Une voiture louée, empruntée à des amis ou partagée en covoiturage

À savoir : 45 % des Français privilégient la voiture la plus sûre et 25 % la plus confortable. 20 % choisissent la moins polluante.

Vous utilisez la voiture :

▲ Presque tous les jours ■ Entre deux fois par semaine et deux fois par mois ● Presque jamais

À savoir : 68 % des Français utilisent leur voiture tous les jours…

QUIZ. 1/ Selon l'enquête CSA « Nos vies en voiture » (2016), un Français passe en moyenne trois ans et dix mois en voiture, à la fois comme conducteur et comme passager, au cours de sa vie. **2/** A. Frédéric Dard B. Coluche C. Oscar Wilde. **LA VOITURE ET VOUS.** Si vous avez obtenu plus de 4 ▲, vous êtes un « car addict » : vous ne pouvez pas vous passer de la voiture, vous entretenez même un rapport fusionnel avec elle. Vous lui avez peut-être même déjà donné un nom… Les pages qui vont suivre devraient vous aider à couper le cordon (ou, du moins, à lâcher le volant). Si vous avez obtenu plus de 4 ■, vous êtes « car flexible ». Vous avez un rapport modéré à la voiture, qui reste à vos yeux un moyen de locomotion comme un autre. Vous êtes même prêt à l'utiliser encore moins. Si vous avez plus de 4 ●, vous êtes « car detoxified ». L'aventure, vous la vivez sans voiture !

POURQUOI CHANGER NOTRE FAÇON DE NOUS DÉPLACER ?

La question environnementale, désormais au centre de nos préoccupations, ne semble pas suffire à motiver le changement à elle seule. Mais si nous considérons également le besoin de retrouver du temps pour soi, de vivre moins stressé, en bonne santé et de faire des économies substantielles, nous pourrions bien finir par voir les choses autrement.

POUR L'ENVIRONNEMENT

25 % des Français, en majorité citadins, voient dans la dégradation de la qualité de l'air une préoccupation environnementale majeure.

• Qui doit en priorité agir pour la protection de l'environnement, selon les Français ?

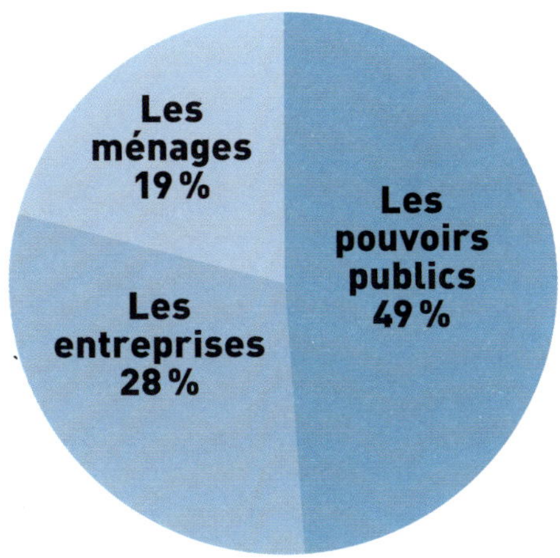

Source : Commissariat général au développement durable, « Opinions et pratiques environnementales en 2015 », *Chiffres et statistiques*, n° 750, avril 2016

POUR SA SANTÉ

Pour 81 % des Français, la santé est une préoccupation quotidienne majeure.

Source : BVA, « Les préoccupations de la vie quotidienne des Français », novembre 2016

Selon de nombreuses études, trente minutes de marche soutenue par jour, cinq jours par semaine ont des effets positifs sur la santé physique et mentale.

Santé physique

- Baisse de la pression artérielle
- Diminution du cholestérol
- Augmentation de la densité osseuse
- Amélioration de la maîtrise du poids

Santé mentale

- Diminution des risques de dépression nerveuse
- Baisse du stress et de l'anxiété

La marche est une activité profitable au cerveau : l'impact des pieds sur le sol envoie des ondes de pression dans les artères et augmente l'apport sanguin au niveau du cerveau. Selon une étude de la New Mexico Highlands University, « il existe des effets dynamiques sur le flux sanguin du cerveau humain avec le cyclisme, la marche et la course. Spectaculairement, les activités peuvent optimiser la perfusion cérébrale, la fonction et le sentiment de bien-être pendant l'exercice ».

Source : New Mexico Highlands University, « Research Shows Walking Increases Blood Flow in the Brain », 24 avril 2017

Hippocrate affirmait que la marche était « le meilleur remède pour l'homme » : c'était bien vu !

Pratiquer une demi-heure de vélo par jour aurait également de nombreux effets positifs sur :

- Le cœur et la respiration
- La perte de poids
- La circulation sanguine
- Les os
- La musculature
- La relaxation
- Le système neurosensoriel

Source : David Rojas-Rueda *et al.*, « The Health Risks and Benefits of Cycling in Urban Environments Compared with Car Use: Health Impact Assessment Study », *British Medical Journal*, 2011

POUR SON BIEN-ÊTRE

6 % des Français disent se sentir stressés la plupart du temps ou de temps en temps.
10 millions de personnes en France seraient quasiment en permanence stressées.

Source : BVA/Chambre syndicale de la sophrologie, « Les Français et le stress », janvier 2016

Chercher une place avant un rendez-vous ou ronger son frein dans les bouchons, c'est pour le moins stressant. Les Franciliens ont passé en moyenne **90 heures** dans les bouchons en 2016.

Source : V-Traffic, « L'état du trafic en Île-de-France », 2016

POUR FAIRE DES ÉCONOMIES

Le tout-voiture représente un coût de plusieurs milliers d'euros par an. Privilégier des modes de transports actifs ou collectifs a un impact immédiat et significatif sur notre budget.

SUIVEZ LE GUIDE POUR MOINS UTILISER VOTRE VOITURE

ENTRETIEN AVEC L'EXPERT

Ludovic Bu marche beaucoup, pédale souvent et n'hésite pas à s'asseoir dans une voiture quand cela est nécessaire. Expert en mobilité, il milite pour la « multimodalité ».

Alors que nous sommes de plus en plus nombreux à vouloir agir pour l'environnement, notre santé ou notre bien-être, la voiture reste le principal moyen de déplacement. Comment expliquez-vous ce paradoxe ?

C'est assez simple : une voiture peut servir pour tous les déplacements ou presque. Elle répond à tous les besoins. Et pourtant, c'est un outil surpuissant et surdimensionné par rapport à l'usage que l'on en fait : une tonne de technologie pour faire 5 km seul et sans bagage, c'est complètement absurde ! À l'inverse, la multimodalité – le fait d'utiliser tour à tour les transports en commun, le vélo, la marche, etc. –, c'est compliqué. Changer de mode de déplacement en fonction de nos besoins nécessite d'accepter cette complexité. Car reconnaissons-le : utiliser la voiture pour satisfaire tous ses besoins de déplacement est tellement plus simple que d'orchestrer tout un parcours par le biais d'autres modes de transport ! Une deuxième difficulté existe : les habitudes culturelles, très liées à l'éducation. Aujourd'hui, le fait de ne pas utiliser de voiture est encore souvent, socialement parlant, un marqueur négatif. Même les personnes qui elles-mêmes n'ont pas de voiture réagissent en fonction de ce cliché. Dire aux gens « il faut faire sans voiture » implique de renouveler les schémas intellectuels et sociaux.

Mais est-il vraiment possible d'imaginer un quotidien sans voiture ?

Ce n'est pas impossible, en tout cas ! Sur le territoire, 10 à 30 % des gens n'ont pas de voiture. Pourtant, ils se déplacent aussi et s'organisent en tenant compte du fait qu'ils ne disposent pas de ce moyen de locomotion. En réalité, le déplacement n'est pas quelque chose de réfléchi chez celui qui a une voiture ; il le devient chez celui qui n'en a pas. Les personnes qui ont une voiture, du moins une grande partie d'entre elles, ne sont pas impactées par la contrainte « déplacement » dans leur organisation personnelle. Cependant, il leur arrive fréquemment de devoir faire face à des situations où la voiture n'est pas adaptée car elle ne permet pas d'aller partout et en toutes circonstances (par exemple : lorsqu'il neige ou que l'on a consommé trop d'alcool).

Vous préconisez donc de se passer de ce mode de déplacement ?

Cela serait vraiment dommage de se passer d'un outil aussi intéressant sur le plan technologique. Donc, dans l'absolu, non ! Néanmoins, comme pour tout le reste, son usage manque parfois de mesure, tout comme pour le smartphone : ces outils permettent de se libérer d'un certain nombre de contraintes, sauf en cas d'excès avec, dans le cas du téléphone, les appels et les e-mails matin, midi et soir... Il importe donc de savoir jauger. Au sujet du modèle de voiture que l'on utilise, il y aurait aussi beaucoup à dire. À l'origine, la voiture a remplacé le cocher et les chevaux, donc un moyen de locomotion dimensionné pour cinq, six, voire sept personnes et avec lequel on parcourait des distances importantes et avec beaucoup de bagages. Aujourd'hui, dans 90 % des usages, une seule personne est dans la voiture et le coffre est vide. La question du type de voiture que l'on va utiliser en fonction des usages se pose donc.

Dans l'inconscient collectif, la voiture reste un symbole de liberté. Dans les faits, la réalité est différente...

La première des contraintes, c'est qu'il faut l'acheter, puis l'entretenir. Mais il en existe deux autres, majeures : les embouteillages et le stationnement. Les pouvoirs publics et les constructeurs font comme si le stationnement était toujours gratuit et illimité. Or l'espace où l'on gare les voitures n'est pas illimité et a un coût. Ensuite, concernant la question des embouteillages, on a toujours le réflexe de dire : la route est saturée, élargissons-la pour qu'il y en ait plus ! Or ce n'est pas une solution viable. Enfin, toute une série d'autres contraintes sont induites, comme les accidents, les pannes, les nuisances ou évidemment la pollution, mais ce sont des sujets que l'on ne prend pas en compte.

Tout est fait pour attirer notre attention ailleurs ?

C'est certain. Au sujet du rôle du marketing, le fait qu'en France les plus gros annonceurs publicitaires sont Peugeot, Renault, Citroën et Orange est trop peu souligné. C'est une véritable injonction à la mobilité qui se manifeste à travers la publicité pour les voitures et la téléphonie mobile. Il faut avoir une voiture, un téléphone mobile – en bref : être mobile dans tous les sens du terme. On comprend aisément qu'ensuite, il soit très compliqué pour un citoyen de se positionner à contre-courant. Aller à l'encontre des diktats de la publicité en n'ayant pas de voiture ou en l'utilisant moins – idem pour son téléphone portable –, en anticipant davantage, en réfléchissant à comment faire les choses, dont le fait de se déplacer, est compliqué.

Dans ce contexte, changer ses habitudes n'est pas chose aisée !

Changer ses habitudes, cela veut dire réfléchir et donc conscientiser ce que l'on fait. Pour commencer, le meilleur moment, c'est lorsqu'il y a un changement dans sa vie. Lorsque l'on a une nouvelle opportunité, soit de logement, soit professionnelle, on peut intégrer la question du déplacement dans sa réflexion globale afin de réduire au maximum la dépendance aux modes de transport motorisés. Il est d'ailleurs intéressant de constater que les banquiers commencent à prendre en compte votre dépendance à la voiture lorsqu'ils étudient votre demande de prêt immobilier, car ils tiennent compte de l'impact de l'achat du ou des véhicules dans le niveau d'endettement du foyer.

Et si l'on ne déménage pas ou que l'on ne change pas de travail, mais que l'on est bien décidé à remettre la voiture à sa (bonne) place, comment s'y prendre ?

Voici plusieurs étapes que l'on peut recommander à peu près à tout le monde. D'abord, il faut établir un « autodiagnostic » : quels sont mes déplacements ? Sans changer quoi que ce soit, juste pendant quinze jours, un mois, identifier ses déplacements. On va se rendre compte que certains sont récurrents et que d'autres sont ponctuels. Les déplacements récurrents sont les plus compliqués à modifier, mais lorsqu'on le fait, c'est un levier gigantesque. Par exemple, si je vais faire les courses en voiture, est-ce que je ne pourrais pas les faire à pied, à vélo, en bus ? Je fais les courses une ou deux fois par semaine : si je change mes habitudes, cela aura un impact important sur mon budget, sur la pollution que je génère, mais aussi des conséquences positives sur ma fatigue et sur mon stress. Pendant cette phase de diagnostic, vous ne changez pas vos habitudes, vous ne faites que les noter, vous en prenez conscience.

La deuxième étape consiste en une double démarche de désintoxication et de prise d'information. Le fait est que nous trouvons à peu près partout des transports en commun, même si le niveau d'offre n'est pas toujours identique. Il importe donc de réunir ces informations, notamment grâce aux nouvelles technologies numériques, qui permettent d'accéder à toute l'offre des transports en une seule application. Prendre cette initiative et identifier quelles alternatives existent, c'est le début de la désintoxication.

Troisième pas, tester doucement. Changer de comportement, c'est comme arrêter de fumer : si vous dites du jour au lendemain « j'arrête », il y a de fortes chances que vous échouiez ; il faut donc faire les choses progressivement. Si vous prenez la voiture une fois par jour, ce n'est pas une catastrophe. Par contre, si vous la prenez tout le temps, y compris pour aller chercher une baguette au bout de la rue, c'est problématique. C'est en effectuant de petits tests que l'on se rend compte que marcher, ce n'est pas désagréable, que faire du vélo, ce n'est pas si dangereux, que prendre les transports en commun et regarder le paysage sans se soucier de la route, ce n'est pas si contraignant. Évidemment, le changement doit tenir compte des saisons, de nos besoins, du contexte…

Une fois que vous jugerez l'organisation multimodale de vos déplacements satisfaisante, vous pourrez aller plus loin et identifier les trajets qu'il vous serait possible d'éviter. Il s'agira de mieux vous organiser : mutualiser vos déplacements, travailler chez vous quand vous le pouvez, apprendre aux enfants à se déplacer seuls ou en groupe, envisager l'autopartage au sein de votre entreprise, avec vos voisins…

VOUS NE POUVEZ PAS VOUS PASSER DE LA VOITURE ?

COVOITUREZ !

Cinquante millions de membres dans vingt-deux pays, voici ce que représente **BlaBlaCar**, entreprise valorisée à 1,5 milliard d'euros. Créée en 2006 par Frédéric Mazzella, elle emploie aujourd'hui 500 salariés, ce qui en fait le leader mondial du covoiturage. Son utilisation est simple et efficace. Vous partez en voiture ? Publiez votre trajet et choisissez des covoitureurs qui participeront aux frais du voyage. Vous voulez aller quelque part mais n'êtes pas véhiculé ? Même démarche. Côté tarif, c'est intéressant pour les deux parties : Paris-Lyon à partir de 30 euros ou Bordeaux-Toulouse dès 17 euros. Partager une voiture, c'est plus écologique, plus économique ; c'est également l'opportunité de faire des rencontres et de mettre un peu de convivialité dans ses déplacements.

➜ **www.blablacar.fr**
Pour les trajets quotidiens, l'application BlaBlaCar :
➜ **www.blablalines.com**

LOUEZ UNE VOITURE POUR 1 EURO

Grâce à **LuckyLoc**, une plate-forme qui vous propose de louer une voiture ou un utilitaire à un prix symbolique, vous devenez convoyeur pour des agences de location de véhicules, des entreprises, ou même des particuliers qui ont besoin que leur véhicule aille d'un point A à un point B.

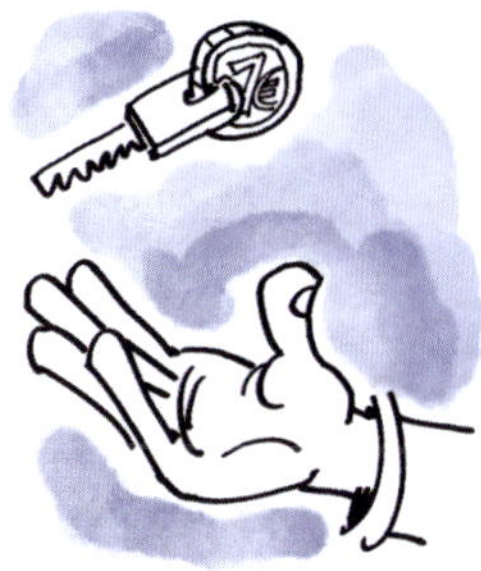

Si cela correspond à votre trajet, tout le monde s'y retrouve. Vous payez l'essence et l'autoroute en plus d'un euro, et le partenaire évite des frais de transport importants. Le bilan carbone est optimisé, puisque les deux déplacements auraient eu lieu de toute façon.
Petite contrainte, cependant : il faut que deux parties intéressées par un même trajet entrent en relation au même moment. LuckyLoc propose un système d'alerte pour que vous soyez immédiatement informé de la mise en ligne de votre trajet favori pour un aller simple. Ce mode de fonctionnement n'est pas forcément le plus pratique, mais il paraît difficile de battre le tarif d'un euro les 24 à 48 heures de location…

➜ **www.luckyloc.com**

En bref

***Drivy** est un site collaboratif de location de voitures entre particuliers. Les internautes y sont loueurs ou locataires. Le site est pourvu d'un système de géolocalisation et propose des prix plutôt bas. Il favorise la fin du « tous propriétaires » et peut sans doute encourager certains foyers à ne pas s'équiper d'une voiture !*

➜ **www.drivy.com**

L'ÉCOCONDUITE POUR MOINS CONSOMMER ET MOINS POLLUER

UN BOÎTIER POUR APPRENDRE

WeNow, c'est une autre manière de rouler, plus souple, qui joue sur les accélérations douces, les décélérations contrôlées et d'autres astuces pour consommer jusqu'à 15 % de moins. Vous l'avez compris, il y a un coup de main à prendre, ce qui ne se fait pas du jour au lendemain, d'où l'idée de WeNow : installer dans votre voiture un boîtier relié à une application. Ce système va vous coacher au volant, vous donner des conseils et mesurer vos performances. Objectif : devenir un écoconducteur.

Mais cela ne suffira pas à neutraliser votre bilan carbone : vous pourrez donc coupler le service à une option supplémentaire, pour compenser 100 % de votre consommation réelle, en soutenant des programmes proposés par la start-up : protection d'une forêt au Zimbabwe, purification d'eau au Kenya... Vous aurez le choix.

Côté prix : 15 euros le boîtier et 9,99 euros par mois d'abonnement et de participation aux programmes de compensation carbone. Avec au minimum 84 euros d'économie de carburant par an, vous vous y retrouverez vite et la planète aussi !

→ **wenow.com**

ÉCOCONDUIRE ET MOINS CONDUIRE

GECO Air est une application gratuite qui accompagne les conducteurs pour améliorer leur style de conduite et les aider à réduire leurs émissions de polluants. Développée par l'IFP Énergies nouvelles (Ifpen), un organisme public spécialisé dans la recherche sur l'énergie, avec le soutien de l'Ademe, cette application analyse vos déplacements et leurs conséquences sur l'environnement.

Le postulat de départ est que « chacun d'entre nous, à son échelle, peut réduire les émissions polluantes liées à ses déplacements : en adaptant au quotidien son style de conduite (plus souple) et en privilégiant les modes de transport "doux" (vélo, transports en commun) ».

Source : Ifpen, www.ifpenergiesnouvelles.fr

Lorsque vous vous déplacez, GECO Air détecte votre mode de transport et la pollution qu'il occasionne. Si vous êtes en voiture (la consommation de carburant peut varier du simple au double), l'application analyse votre comportement en fonction de votre conduite et vous donne des conseils pour vous améliorer au volant et devenir un écoconducteur.

Enfin, l'application recommande des modes de transport alternatifs à la voiture quand cela est possible.

→ **www.gecoair.fr**

VOUS AVEZ DIT ACTIFS ?

ÊTRE PAYÉ POUR PÉDALER

Pédaler contre rémunération, c'est le concept proposé par cette société qui fait de votre deux-roues un objet publicitaire. Les roues sont équipées de jantes spéciales arborant une publicité. Vous êtes géolocalisé avec votre téléphone et vous voilà rémunéré pour pédaler ! **Écovélo** est né à Nantes et propose ses services dans plusieurs grandes villes comme Strasbourg, Toulouse, Lille, Paris ou Nice. Évidemment, vous roulez où vous voulez et quand vous voulez. Le calcul de votre rémunération est automatisé et vous pouvez espérer gagner jusqu'à 125 euros par mois. Côté « pollution visuelle », la start-up vise 1 % du marché des vélos en France, avec des espaces de publicité de 1 m^2. Après tout, si la pub peut nous pousser à rouler à vélo... Attention tout de même, votre bicyclette devra subir quelques transformations (à vos frais) pour être compatible.

➜ www.ecovelo.com

QUAND UNE VILLE LANCE UN SERVICE DE PRÊT GRATUIT DE... TROTTINETTES

Initiée par le conseil municipal des jeunes, cette idée originale nous vient de Baillargues, près de Montpellier. Pour son maire, Jean-Luc Meissonnier, il s'agit d'inciter les habitants de la commune à laisser tomber leur voiture et à utiliser un mode de transport encore plus pratique que le vélo.

Le service **Be Trotti** permet d'emprunter gratuitement l'une des trottinettes mises à disposition par la mairie. L'objectif est de sensibiliser la population aux modes de transport dits « actifs » (dont la seule énergie est humaine). Mais pas uniquement, explique Jean-Luc Meissonnier : « Au début, cette initiative a pu paraître un peu saugrenue et, au final, on s'aperçoit qu'elle rencontre un vif succès. Nous avons une gare TER à Baillargues, ce qui nous permet de rejoindre le centre-ville de Montpellier en huit minutes. Contrairement à un vélo, qui est encombrant, la trottinette offre l'avantage de pouvoir nous accompagner dans le TER et d'être pliée. À l'arrivée à Montpellier, il suffit de la déplier. C'est quand même beaucoup plus pratique. »

CHAPITRE 6

S'INFORMER SANS SE FAIRE MANIPULER (ET Y VOIR CLAIR)

KIT DE SURVIE

1. POUR S'INFORMER, PRIVILÉGIER LES SITES D'INFORMATION PROFESSIONNELS ET RECONNUS PLUTÔT QUE LES RÉSEAUX SOCIAUX
2. CONFRONTER LES SOURCES D'UNE INFORMATION
3. ÉDUQUER LES PLUS JEUNES AUX BONNES PRATIQUES DES MÉDIAS

« Je sais que », « J'ai entendu dire », « J'ai lu sur Internet », « J'ai vu à la télé »... Le savoir est un élément essentiel de la civilisation. La transmission commence dès le plus jeune âge, à l'école, mais aussi au sein de la famille, des groupes et communautés et, bien entendu, avec la pratique des médias, des réseaux sociaux et plus généralement du Web. Les « infos » participent à l'identité ; elles sont un repère, un élément de socialisation, de partage.

Dans notre société, la connaissance se confond parfois avec la croyance ou l'opinion. Nous croyons savoir, mais nous ne prenons pas nécessairement le temps de vérifier nos sources comme le ferait un journaliste. Savoir est devenu un enjeu dans une société où l'information de masse circule vite, abondamment, et se confond avec des prises de parole sur Internet, cet espace qui a libéré la connaissance tout en la mettant en danger, notamment sur les réseaux sociaux. Les complotistes sont à la manœuvre, les lobbies et la fachosphère marchent à plein régime. Heureusement, il existe des outils, des services et des réflexes qui peuvent nous aider à nous y retrouver.

Sociétés secrètes, scandales cachés, révélations exclusives !
Des infos que vous ne lirez nulle part ailleurs !
Wooow... vous êtes journaliste ?
Oui, j'ai un blog et je me lance dans la presse papier !
J'offre à chaque nouvel abonné cette boussole platiste !
Elle indique la direction de la Terre dans l'espace.
Elle va vers le haut ?
Évidemment ! Puisque la Terre est plate, elle ne peut pas tourner sur elle-même...
... sinon nous serions inévitablement éjectés par la force centrifuge...
Donc elle monte !
Et le chapeau sert aussi de cadran solaire... Alors, tenté ?
Je vais réfléchir
Oui ! Renseignez-vous ! Allez vous documenter !

" FIGURE-TOI DES HOMMES ENCHAÎNÉS DANS UNE DEMEURE SOUTERRAINE ET DERRIÈRE EUX UN PETIT MUR OÙ D'AUTRES HOMMES PORTENT DES OBJETS DE TOUTES SORTES...
PLATON
LES PRISONNIERS N'ONT JAMAIS VU D'AUTRES CHOSES QUE LES OMBRES PROJETÉES SUR LA PAROI QUI LEUR FAIT FACE, ET PRENNENT CES OMBRES POUR DES OBJETS RÉELS ...
Attention Guignol ! DERRIÈRE TOI !!!
MAIS L'UN DES PRISONNIERS PARVIENT À S'ARRACHER À LA CAVERNE ET GRAVIT LA MONTÉE ESCARPÉE, VERS LE SOLEIL ...
Ramène des bières !
LES YEUX ÉBLOUIS PAR LA LUMIÈRE, IL DISTINGUE PUIS CONTEMPLE LES CHOSES QUE NOUS APPELONS VRAIES...
WHAAAH !
ET REDESCEND DANS LA CAVERNE POUR INFORMER SES ANCIENS COMPAGNONS CAPTIFS...
Eh les amis
En fait c'est nul ici
C'est là-haut que ça se passe !
C'est des mythos
#FAKE
LOL
QUOI QU'IL LUI ARRIVE, IL SERA ALORS INCAPABLE DE VIVRE DE CETTE FAÇON-LÀ..."

CROIRE ET SAVOIR, CE N'EST PAS PAREIL

• **Croire** vient du latin *credere* (« ajouter foi ») : tenir quelque chose pour vrai ; admettre comme réel, certain. Il s'agit donc ici d'une réalité subjective qui n'appartient à son sujet que parce qu'il y croit.

• **Savoir** vient du latin *sapere* (« avoir de la saveur, de la pénétration », « comprendre »). Lorsque nous savons, cela signifie que nous sommes instruits de quelque chose, que nous maîtrisons un métier ou que nous sommes capables de pratiquer une activité considérée comme acquise. Le savoir se définit comme un « ensemble de connaissances acquises par l'étude ».

Source : *Le Grand Larousse encyclopédique*

Au quotidien, la frontière entre la croyance et le savoir est parfois ténue, notamment pour les plus jeunes d'entre nous. Notre société de l'information peut brouiller les pistes, et l'accès de plus en plus généralisé aux nouvelles technologies du numérique amplifie la tendance.

LES FRANÇAIS ET L'INFORMATION : LE DIVORCE ?

La France est le deuxième pays d'Europe à faire le moins confiance à l'information et aux médias après la Grèce.

Si la mise en scène des élections présidentielles nous a habitués à son lot de « révélations » et autres « coups de com' », le cru 2017 est à marquer d'une pierre blanche (ou noire). Un favori dans les affaires, une première opposante suspectée à son tour, un outsider visé par les médias russes… Le citoyen a pu légitimement se sentir perdu. La presse (entendue au sens large) a fait ce qu'elle a pu dans un contexte démocratique bouleversé.

Les Français ont confiance :

- Dans l'information en général :

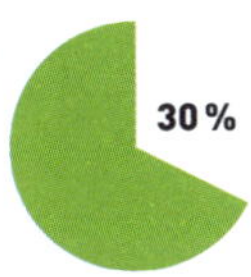

- Dans l'information qu'ils ont l'habitude de consulter :

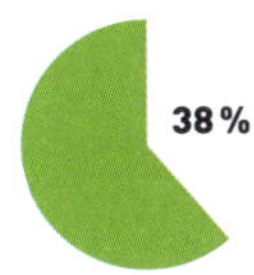

Source : Reuters et Oxford University, « Digital News Report 2017 », 2017

Il semble que cette défiance envers les médias soit le fruit de plusieurs facteurs : le fait qu'ils soient globalement détenus par des acteurs qui mènent des activités financières et commerciales, d'une part, et la crise de confiance à l'égard de nos représentants (hommes et femmes politiques, élites, etc.), de l'autre. Dans le même registre, seuls **25 %** des Français considèrent que les médias « restituent correctement l'information et sont capables de se corriger quand ils font une erreur ».

Source : Ifop, « Enquête sur le complotisme », décembre 2017

Les Français croient en l'indépendance des médias :

- Vis-à-vis des intérêts politiques :

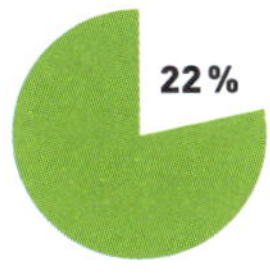

- Vis-à-vis des intérêts commerciaux :

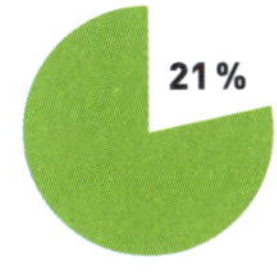

Source : Reuters et Oxford University, « Digital News Report 2017 », 2017

TROP D'INFO TUE L'INFO

En France, 59 % de la population utilise Internet pour s'informer*.

Pour une majorité d'entre nous, s'informer se fait au rythme des alertes sur notre smartphone, des partages sur les réseaux sociaux, du temps passé à naviguer sur le Net… Nous n'avons jamais eu autant accès à l'information, et pourtant, il n'a jamais été aussi difficile de comprendre le monde qui nous entoure.

On parle à ce propos d'« infobésité », une surcharge informationnelle qui désigne l'excès d'informations reçues par une personne, qu'elle ne peut traiter ou supporter sans préjudice pour elle-même ou pour son activité.

La problématique n'est pas nouvelle. Edgar Morin écrivait déjà en 1981 : « Il est étonnant que l'on puisse déplorer une surabondance d'informations. Et pourtant, l'excès étouffe l'information quand nous sommes soumis au déferlement ininterrompu d'événements sur lesquels on ne peut méditer parce qu'ils sont aussitôt chassés par d'autres événements. Ainsi, au lieu de voir, de percevoir les contours, les arêtes de ce qu'apportent les phénomènes, nous sommes comme aveuglés dans un nuage informationnel. »

Source : Edgar Morin, *Pour sortir du xxe siècle*, Le Seuil,1981

*Source : Credoc, « Le Baromètre du numérique 2016 », novembre 2016

«FAKE NEWS», OU COMMENT DE FAUSSES NOUVELLES DEVIENNENT (PRESQUE) DE VRAIES INFOS

Le phénomène n'a rien de nouveau, mais il prend une tournure particulière en raison des nouvelles caisses de résonance que sont les réseaux sociaux.

En regardant de plus près la manière dont les Français utilisent ces réseaux, nous comprenons mieux les raisons d'une telle déformation.

Réseau social	Utilisation à des fins informatives
Facebook	43 %
Twitter	19 %

Source : Reuters et Oxford University, « Digital News Report 2017 »

Évidemment, les jeunes sont les plus enclins à s'informer sur les réseaux sociaux et leurs algorithmes qui nourrissent les centres d'intérêt des utilisateurs, avec tout ce que cela implique comme limites au pluralisme et à l'exhaustivité des savoirs. Lorsqu'il est critiqué pour son rôle dans la diffusion massive de fausses informations, Facebook met en avant le fait que les contenus sont produits par ses utilisateurs eux-mêmes et que, n'étant pas un média, il ne porte pas de responsabilité éditoriale. Pour autant, son fondateur, Mark Zuckerberg, a annoncé la mise en place d'un dispositif d'identification des fausses informations afin que cela soit «plus simple de signaler les faux articles» publiés. En s'appuyant sur les médias, le réseau a intégré une mention «contenu contesté» pour faciliter l'identification des informations douteuses. Une mention peu visible dans les faits.

Le saviez-vous ?

- **En 2022, les habitants des pays développés pourraient être plus exposés à de fausses informations qu'à des vraies.**

Source : Cabinet Gartner, www.gartner.com, 2017

- **Trois Français sur quatre n'ont pas confiance dans les informations qu'ils trouvent sur les réseaux sociaux.**

Source : Harris Interactive, « Baromètre 2017 de la confiance des Français dans le numérique », décembre 2017

En réaction à ce phénomène de plus en plus important, le gouvernement a annoncé un projet de loi pour lutter contre les « fake news » d'ici la fin de l'année 2018.

QUELQUES EXEMPLES DE DÉSINFORMATION

Les fausses informations passent parfois inaperçues mais elles arrivent néanmoins à semer le doute dans l'esprit de ceux qui y sont exposés.

- **Le coût de l'Union européenne (UE) pour les Britanniques.**
Les partisans du Brexit ont répété à l'envi dans les médias que le Royaume-Uni contribuait à hauteur de 350 millions de livres (environ 404 millions d'euros) par semaine au fonctionnement de l'UE avec ce slogan : « Utilisons-les pour nos hôpitaux » (slogan qui était même affiché sur le bus de campagne de l'ancien maire de Londres, Boris Johnson, fervent partisan du Brexit).

Malgré de nombreux démentis du camp opposé, la fausse information s'est imposée dans les médias, puis dans l'opinion, pour être finalement corrigée après le vote et le résultat que l'on sait. En réalité, le Royaume-Uni versait 163 millions de livres par semaine à l'UE (environ 188 millions d'euros).

- **Quand Vinci plonge en Bourse, pour rien !**
Le 22 novembre 2016, un communiqué de presse largement diffusé annonçait que le groupe du CAC 40 avait audité une «irrégularité comptable» de 2,5 milliards d'euros. Ce communiqué, plus vrai que nature, était en réalité un faux, mais les journalistes et agences de presse n'ont pas eu le réflexe de vérifier l'information avant de la diffuser. Conséquence : l'action de Vinci a chuté de 18 %, représentant une perte de 18 milliards d'euros.

Source : Roland Gauron, « Une année 2016 jalonnée de "fausses informations" », *Le Figaro*, 27 décembre 2016

THÉORIE DU COMPLOT : ATTENTION, DANGER !

Une théorie du complot, selon Rudy Reichstadt, fondateur de Conspiracy Watch, est « une tendance à attribuer abusivement l'origine d'un événement historique ou d'un fait social à un inavouable complot dont les auteurs présumés – ou ceux auxquels il est censé profiter – conspireraient, dans leur intérêt, à tenir cachée la vérité ».

79 % des Français croiraient au moins à une théorie complotiste :

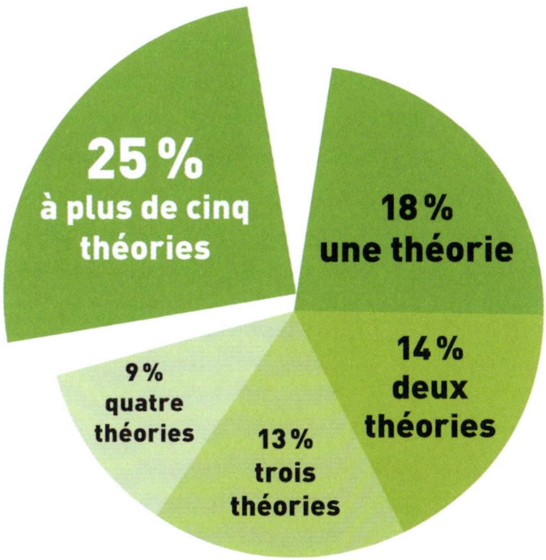

À titre d'exemples, **55 %** des Français sont d'accord avec l'idée que « le ministère de la Santé est de mèche avec l'industrie pharmaceutique pour cacher au grand public la réalité sur la nocivité des vaccins », **54 %** que « la CIA est impliquée dans l'assassinat du président John F. Kennedy » ou encore **32 %** que « le virus du sida a été créé en laboratoire et testé sur la population africaine avant de se répandre à travers le monde ». Cela pourrait prêter à sourire, or il y a de quoi s'inquiéter, car il s'agit là de la vision du monde que nous avons. Ce sont les jeunes qui paraissent les plus perméables aux théories du complot : les moins de 35 ans sont deux fois plus nombreux que leurs aînés à croire à au moins sept théories.

Source : Ifop, « Enquête sur le complotisme », janvier 2018

En partenariat avec l'éléphant
la revue de culture générale

QUIZ

LA CRÉDIBILITÉ DE LA SOURCE

1/ Si vous êtes favorable à la mise en place d'une certaine loi, vous serez plus renforcé dans votre opinion si une source très crédible défend la même position (un expert politique écrivant dans un journal réputé) que si cette opinion est défendue par une source moins crédible (votre voisin de table dans un bar).

❑ Vrai ❑ Faux

AUX ORIGINES

2/ Quel a été, en France, le premier journal imprimé ?

❑ *L'Aurore* ❑ *La Gazette* ❑ *Le Monde* ❑ *Le Parisien*

POUR LA PETITE HISTOIRE

3/ En France, les premiers kiosques à journaux sont apparus au XVIe siècle.

❑ Vrai ❑ Faux

LE BON MOT

4/ Quel anglicisme de quatre lettres signifie « canular, intox qui circule sur Internet » ?

❑ *Yolo* ❑ *Trap* ❑ *Hoax* ❑ *Rank*

QUAND LES FRANÇAIS S'INFORMENT

1/ Avez-vous confiance en l'information ?

❑ Oui ❑ Uniquement celle que j'ai l'habitude de consulter ❑ Non

À savoir : 30 % des Français font confiance à l'information en général, 38 % à celle qu'ils ont l'habitude de consulter…

2/ Quelle est votre principale source d'information ?

❑ La presse papier ❑ La télévision ❑ Internet ❑ La radio

À savoir : Selon une enquête du Reuters Institute, la télévision est la première source d'information de 50 % des Français, devant les sites Web (20 %), les réseaux sociaux et la radio (9 % chacun), et les journaux papier (4 %).

3/ Regardez-vous des vidéos d'actualité sur Internet ?

❑ Oui ❑ Non

À savoir : Selon la même enquête, la vidéo prend de plus en plus de place, même si le texte reste privilégié sur Internet.

4/ Écoutez-vous la radio au réveil ?

❑ Oui ❑ Non

À savoir : En 2016, 30 % des Français écoutaient la radio au réveil.

QUIZ : 1/ C'est faux. En 1978, le psychologue Sternthal a montré qu'une source peu crédible déclenche la production de pensées favorables plus nombreuses qu'une source très crédible. En effet, lorsque la source est très crédible, l'individu, confiant, est moins motivé à traiter le contenu du discours et produit donc moins de réponses cognitives ! **2/** Il s'agit de *La Gazette*, créée par Théophraste Renaudot, publiée à Paris entre le 20 mai 1631 et le 30 septembre 1915. **3/** C'est faux. Initialement empilés dans des boîtes ou fixés à des mâts, les journaux voient leur diffusion se moderniser sous l'impulsion du baron Haussmann lors de la révolution urbaine à Paris, au XIXe siècle. En 1856, le premier kiosque, estampillé « Les Temps modernes », est inauguré sur les Grands Boulevards. **4/** Il s'agit du terme « Hoax » qui, selon le philologue Robert Nares, serait apparu à la fin du XVIIIe siècle.

ÉVITER DE SE FAIRE MANIPULER

Le plus gros risque est de croire qu'une fausse information est vraie et d'en tirer des conséquences politiques, économiques ou idéologiques.

Je repense à une discussion avec des amis à propos d'une rencontre entre le président américain Donald Trump et le Premier ministre japonais Shinzō Abe. Trump se serait (encore) fait remarquer en versant tout un paquet de nourriture pour poissons dans un étang de carpes koï, visiblement impatient. Pour l'un de mes amis, il s'agissait d'une fausse information, la tradition voulant que l'on vide le paquet d'un coup.

J'ai donc recensé les principaux titres du 6 novembre 2017 en tapant « Donald Trump carpes » sur Google : « Quand Donald Trump perd patience… avec des carpes » (*Le Point*) ; « Au Japon, Donald Trump piétine la culture et les traditions » (*Huffington Post*) ; « Ce moment où Trump perd patience avec des carpes japonaises » (*BFM TV*).

Pourtant, un lien parmi tant d'autres (en date du 7 novembre) titrait « Trump, Shinzō Abe et les carpes, itinéraire d'une *fake news* », le journal *Le Monde* citant une dépêche de l'Agence France Presse (AFP) : « Il s'est avéré que M. Trump n'avait fait qu'imiter M. Abe, lequel avait secoué sa boîte, plus délicatement et sans la retourner, pour en vider les restes dans l'étang. » Les défenseurs (légitimes) des animaux ont eu peur d'une intoxication des poissons, les internautes s'en sont donnés à cœur joie sur les réseaux sociaux… pour rien.

POUR FAVORISER UN DÉBAT DÉMOCRATIQUE DE QUALITÉ

Alors que la puissance des réseaux sociaux avait été louée au moment des Printemps arabes en 2011, c'est sur le banc des accusés que Facebook et Google se sont retrouvés à la suite de l'élection de Donald Trump ou du Brexit.

D'ailleurs, toutes les élections ayant eu lieu en Europe depuis celle de Trump auraient eu leur lot de propagande russe sur les réseaux sociaux. Rien qu'en France, Facebook a annoncé avoir supprimé 30 000 comptes avant les élections présidentielles de 2017. Motif : ils diffusaient de fausses informations politiques.

Source : *Le Monde*, « Influence russe : des campagnes sur les réseaux sociaux à quasiment chaque élection », 16 novembre 2017

Car c'est bien d'un problème démocratique dont il s'agit lorsque l'information destinée aux citoyens est tronquée, déformée, voire fausse. Comprendre les enjeux d'un débat, les positions idéologiques de candidats, la réalité d'un phénomène de société, est essentiel pour se faire un avis, puis choisir le moment venu. Prendre le temps de bien s'informer facilite l'accès à une information rigoureuse et, par conséquent, permet de se forger un avis éclairé.

Ce n'est d'ailleurs pas pour rien que la liberté d'information fait généralement partie des conditions requises pour qu'un État soit considéré comme démocratique. Encore faut-il que cette information ne soit pas confondue avec de la propagande !

NE PAS SE LAISSER SUBMERGER ET REPRENDRE LE CONTRÔLE

Accepter toutes les alertes e-mail, les notifications sur nos smartphones, lire en diagonale les publications sur les réseaux sociaux… Ce sont autant de moyens de se noyer dans l'information. Choisir ses sources, prendre le temps d'approfondir un sujet qui nous intéresse est une façon de retrouver une liberté et de reprendre le contrôle de ce que nous assimilons. Une information à hauteur d'homme, choisie, comprise.

SOUTENIR LE MAINTIEN D'UNE PRESSE DE QUALITÉ INDÉPENDANTE

Avoir accès à une information crédible implique que les médias aient les moyens de produire des contenus de qualité. Ce sont des entreprises comme les autres, qui doivent trouver un modèle économique. Si vous êtes attaché à avoir accès à une information de qualité, à des articles de fond, il faut accepter que cela ait un coût et donc un prix. Payer pour un abonnement en ligne ou un article sur un site Internet est normal, c'est même responsable.

BIEN S'INFORMER POUR BIEN DÉCIDER

ENTRETIEN AVEC L'EXPERTE

Anne-Sophie Novel est journaliste indépendante – *Le Monde*, *Le 1*, *ID* (*L'Info Durable*) – spécialisée dans les alternatives économiques et auteure d'un documentaire sur les enjeux du journalisme.

Comment va la fabrique de l'information en France ?

Elle va très bien ! Certes, la presse traverse une crise économique, avec une concentration des principaux médias entre les mains de quelques grands patrons qui ont de nombreuses activités parallèles. Elle traverse également une crise technologique, avec l'accélération de la diffusion de l'information. Cet ensemble de facteurs rebat les cartes et, pourtant, malgré les difficultés que traversent certains titres de presse, on n'avait plus eu une telle créativité depuis les années 1970, avec de nombreuses naissances de projets médias. C'est d'ailleurs souvent le fruit de l'investissement de journalistes qui, après avoir été remerciés par leur rédaction, se lancent à leur tour dans leur projet. Aujourd'hui, de très nombreux médias sur Internet font de l'information et je trouve que beaucoup d'acteurs font preuve d'une créativité remarquable.

Quels sont ses principaux défis, à l'heure du tout-numérique ?

Ils sont nombreux. Historiquement, la presse se rémunérait grâce aux petites annonces, mais depuis le développement du numérique, les petites annonces ont migré en ligne, avec les conséquences financières que l'on imagine. Par ailleurs, le système des subventions de la presse est important mais, il me semble, pas toujours efficace ; il serait bienvenu de le revoir en profondeur.

Internet, c'est l'info pour tous… À quel prix ?

L'information gratuite n'a pas attendu Internet pour exister : souvenez-vous de la presse gratuite. Tout d'abord, il me semble nécessaire de mettre en perspective une chose importante : Internet, c'est, d'une certaine manière, l'information pour tous, mais certainement pas toute l'information pour tous ! Les réseaux sociaux me paraissent plutôt enfermants ; les algorithmes nous servent des propositions en fonction de nos centres d'intérêt, cela pose un vrai problème d'ouverture à la diversité, et même un danger, en raison des fausses informations. Une autre difficulté réside dans le fait qu'aujourd'hui, tout le monde peut devenir média à sa manière, en émettant de l'information. Du coup, les frontières sont devenues assez poreuses entre communication et information. Il me semble que le vrai défi est là, et c'est sans doute aux médias de prendre en compte cette nouvelle donne et d'être en capacité de démontrer qu'ils ont une valeur ajoutée.

L'information en continu, cela a-t-il du sens ?

Je ne pense pas que l'information soit menacée. Ce qui m'interroge, c'est la façon dont elle traite de manière historique des faits banals. En effet, le rapport au temps est fondamental, y compris pour s'informer. Mais c'est une notion que l'on a perdue sous prétexte de vouloir être les premiers et de faire la course aux scoops. Cela peut nous mener à parler de choses de manière incomplète ou même, dans certains cas, de ne pas vérifier l'information. Là, il y a un vrai problème et c'est la vitesse de l'information qui est en cause.

Les médias sont-ils au service de la société, selon vous ?

Je considère que les médias sont un espace d'information, et qu'ils jouent un rôle indispensable pour la santé de nos démocraties. Être bien informé, c'est savoir comment va le monde, ce qu'il se passe près de chez soi, les sujets importants auxquels s'intéresser… Une fois que nous sommes bien informés, on peut faire des choix et prendre des décisions. C'est en cela que se situe le principal enjeu : quelle doit être la qualité de l'information diffusée pour qu'un débat démocratique de qualité ait lieu et qu'un certain modèle de société soit préservé ? Je crains que de nombreux médias, dans le contexte actuel, n'aient pas toujours les moyens de produire une information de qualité. Je pense d'ailleurs que beaucoup de journalistes sont malheureux de faire de l'information telle qu'ils la font. C'est même devenu un luxe aujourd'hui de pouvoir être payé afin de prendre du temps pour l'investigation, les rédactions proposant de tels moyens étant de moins en moins nombreuses.

L'expression « quatrième pouvoir » vous semble-t-elle pertinente ?

Disons que certains journalistes s'inscrivent trop dans cette croyance d'être un quatrième pouvoir, et il me semble que cette approche peut nous faire passer à côté de l'essentiel. Si informer ne consiste qu'à dénoncer ou critiquer, je ne suis pas sûre que ce soit apaisant pour la société, même si c'est évidemment parfois indispensable. À trop cantonner la presse dans ce rôle de quatrième pouvoir, on l'enferme aussi dans une position qui ne consiste qu'à dénoncer les politiques en place. Et par voie de conséquence, il apparaît que les gens en ont assez de cette méfiance de la presse vis-à-vis du politique. D'ailleurs, la défiance des citoyens envers la politique est à peu près la même vis-à-vis des médias, et ce n'est peut-être pas pour rien !

À titre personnel, ce qui m'intéresse, c'est de savoir que nous pouvons offrir un rapport au monde qui suscite de l'apaisement. Certes, le monde va mal, il y a de quoi dire là-dessus, mais il existe aussi plein de bonnes nouvelles et de belles initiatives, qui fonctionnent. Il me semble important de ne pas être seulement dans un rapport de force, mais d'être aussi dans la compréhension et l'analyse d'une société qui trouve des solutions par elle-même. Là aussi, c'est une histoire de rapport au temps : les médias ne peuvent plus aujourd'hui n'être que dans l'instant et l'analyse du passé ; ils doivent en parallèle, sur un même sujet qu'ils analysent et/ou dénoncent, se tourner vers les perspectives qui s'ouvrent pour y répondre.

Comment mieux s'informer dans ce contexte ?

Le premier réflexe à acquérir est de recouper l'information. Par exemple, par le biais des alertes que l'on reçoit (e-mails, smartphone, etc.), on a la possibilité de vérifier si l'information reçue est partagée par plusieurs rédactions ou non, notamment lorsque cette actualité est importante.

La deuxième chose à faire est de vérifier qui me délivre cette information : puis-je me fier à ce média qui est reconnu ou dois-je vérifier son propos ?

Enfin, au-delà du média qui me fournit une information, il est important d'identifier la nature de cette information. S'agit-il d'une tribune, d'une opinion, d'une enquête, d'un témoignage, d'une dépêche ? Car l'ambition n'est pas la même et le prisme par lequel l'information est produite est différent. Cette question se pose particulièrement en presse écrite. Cette approche peut s'avérer plus compliquée pour les médias audiovisuels (radio, télévision, Web), notamment quand il s'agit de comparer. L'idéal est donc d'alterner les différents supports en fonction de son temps disponible.

À l'ère du numérique, on peut en outre dépasser un raisonnement vertical pour envisager une relation plus horizontale entre les médias et les citoyens. Il ne faut donc pas hésiter à interpeller les journalistes ou les rédactions pour les interroger, notamment *via* les réseaux sociaux : c'est utile pour tout le monde.

Le citoyen n'a-t-il pas vocation à devenir un peu journaliste pour s'y retrouver ?

Oui, d'une certaine manière ! C'est d'ailleurs pour cela qu'il me paraît important que les gens comprennent le rôle des journalistes, et en quoi il est important d'accepter de payer pour avoir accès à une information de qualité. Les journalistes ont souvent plus de temps que le citoyen lambda. D'où l'importance de nourrir des interactions avec eux, notamment par le biais des réseaux sociaux ; cela peut, par exemple, les mener à s'interroger sur certains sujets.

Quel serait, selon vous, le kit de survie du citoyen qui veut s'informer sans se faire manipuler ?

Il faut se créer un écosystème avec des favoris, en fonction de médias en lesquels nous avons confiance et qui traitent par exemple de sujets en lien avec nos centres d'intérêt. Il est également intéressant de bien configurer ses alertes e-mails ou applications afin de se faire aider et d'essayer d'y voir plus clair, sans se laisser submerger.
C'est un peu à l'image d'une voiture : si le tableau de bord est pratique et fonctionnel, cela nous aide concrètement à la conduite ; il faut donc avoir un tableau de bord de l'information. Pour tendre vers cet objectif, il existe une pluralité d'outils tels que Feedly ou Pocket, qui sont justement tournés vers l'organisation des flux d'information.

Comment sensibiliser les plus jeunes à ces enjeux et les aider à trouver leurs marques pour s'informer correctement ?

À titre personnel, je constate que les jeunes sont peut-être plus matures que nous ! Ceux qui sont nés avec un téléphone dans la main et Internet ont grandi avec les bonnes pratiques pour s'informer : recouper les informations, être vigilant, vérifier les sources, etc.
Cela n'enlève rien au rôle des parents, qui doivent accompagner les enfants dans leur rapport à l'information : on voit les drames que cela peut engendrer quand ce n'est pas le cas… Il s'agit d'expliquer que nous sommes dans une ère où complot et *fake news* reviennent en force, où la vérité repose parfois davantage sur les croyances. À nous de les aider à être dans la nuance !

POUR COMPRENDRE LA MÉCANIQUE MÉDIATIQUE

Jean-Marc Four, ancien directeur de la rédaction de France Inter, analyse dans *De la mécanique médiatique* (Lemieux éditeur, 2016) la façon dont les médias fabriquent l'information. Une prise de recul salutaire basée sur des sujets d'actualité concrets.

Parmi les principaux manquements à la vigilance qui devrait s'exercer au sein de l'écosystème médiatique, Jean-Marc Four évoque le « tourne en rond » ou « l'effet perroquet ». Dans le même registre, David Pujadas a employé la métaphore du « banc de poissons » dans son ouvrage *Vous subissez des pressions ?* (Flammarion, 2009) ; en d'autres termes, la « tendance des principaux médias à tous parler de la même chose ». Un phénomène accentué par la vitesse et les chaînes d'information en continu.

Pour l'auteur, l'industrie de l'information est, par ailleurs, confrontée à d'autres défis, comme la place accordée à des sujets nés de leur écho sur les réseaux sociaux, avec tous les écueils possibles à la clé. Il aborde également les questions de la recherche du sensationnalisme, la porosité pouvoir-politique-médias ou communicants-médias.

Après cette analyse des enjeux de la profession, il revient sur la façon dont les médias traitent l'information, au fil des semaines, le temps d'une saison radio.

Jean-Marc Four, *De la mécanique médiatique. L'Info, un service public*, Lemieux Éditeur/Éditions Radio France, 2016

QUAND LES JOURNALISTES DÉCODENT L'ACTUALITÉ

C'est l'ambition des « décodeurs » du site **www.lemonde.fr**, une équipe de douze personnes spécialisées dans la vérification et le décodage de l'information. Le journal s'engage en effet à ce que les journalistes « vérifient les déclarations, assertions et rumeurs en tous genres ; ils mettent l'information en forme et la remettent dans son contexte ; ils répondent à vos questions ».

Un service gratuit, particulièrement bienvenu dans le contexte actuel, qui propose de traiter des sujets d'actualité en apportant un regard objectif et éclairant. Démentis de rumeurs ou de fausses informations, mises au point sur des sujets complexes, résumés d'actualité… L'exercice consiste à en revenir aux faits et à les rendre accessibles. Les journalistes travaillent dans le respect d'une charte disponible en ligne.

Par ailleurs, un live permet aux internautes de poser des questions sur l'actualité, les rumeurs, les « informations » lues sur les réseaux sociaux… Et les journalistes de l'équipe y répondent, références à l'appui.

QUAND LA PRESSE S'ENGAGE POUR LE DÉVELOPPEMENT DURABLE

Il existe en France une presse atypique qui met en avant des solutions et des initiatives positives pour l'humanité. On y trouve des médias historiques comme ***Reporterre*** ou ***Alternatives économiques***, des plus récents tels que ***We Demain***, ***Kaizen*** ou ***Socialter***, et un petit nouveau, le trimestriel ***Aider***, qui n'est pas consacré à l'environnement, mais traite du sujet des aidants et bénévoles.

Chacun a ses spécificités : *Kaizen* est proche du mouvement Colibri de Pierre Rabhi, *We Demain* a une approche prospective, tandis que *Socialter* se veut peut-être plus branché et grand public.

UNE PRESSE ATYPIQUE

Pour ces titres, les enjeux sont les mêmes que pour la presse généraliste : baisse des ventes en kiosque, délinéarisation des contenus avec le canal numérique, investissements publicitaires limités, volatilité des lecteurs qui se perdent un peu dans le flot continu d'informations.
Cette presse atypique a cependant des arguments à faire valoir. Sur le fond, d'abord : elle parle société, social, environnement, monde durable. Sur la forme ensuite : elle est souvent perçue comme un relais d'innovations et de solutions, qui ne laissent pas indifférents les plus vigilants ou engagés d'entre nous.

QU'EST-CE QU'UNE PRESSE ENGAGÉE ?

Vaste question, qui fait débat et varie selon les éditeurs, qui n'ont pas tous la même vision. De manière générale, on peut dire qu'il s'agit d'une presse exprimant une certaine idée du monde – plus durable, équitable, solidaire – et une offre rédactionnelle en lien avec cette approche : entreprises sociales, protection de l'environnement, égalité, solidarité sont ses thèmes de prédilection.

UN SECTEUR QUI MÉRITE SON AUDIENCE

Il s'agit d'une presse plutôt confidentielle, qui mériterait d'être connue par un public plus large afin de participer, à son niveau, à la construction d'une société durable. Pour se faire connaître et recruter des lecteurs, il faut des moyens : communication, partenariats, capacité de produire des contenus... Or, ses éditeurs sont souvent des TPE, PME ou des associations, à l'exception peut-être d'*Alternatives économiques* qui fait office de grand du secteur.

L'intérêt du public se traduit d'ailleurs en chiffres :
- **20 000 exemplaires vendus** par numéro pour *We Demain*,
- **12 000 abonnés** pour *Kaizen* et un objectif de **10 000** pour *Socialter*.

500 BIBLIOTHÉCAIRES RÉPONDENT À (PRESQUE) TOUTES VOS QUESTIONS EN 72 HEURES CHRONO

Eurékoi est un service qui vous met en relation avec des bibliothécaires, lesquels répondent à toutes vos interrogations en ligne. Presque toutes les questions peuvent être posées ; sont exclus les sujets juridiques ou les diagnostics de santé, pour des raisons évidentes de responsabilité.

Derrière votre écran, pas moins de cinquante bibliothèques et cinq cents bibliothécaires en France et en Belgique répondent à vos questions dans un délai de 72 heures ! Vous recevez une réponse par e-mail avec des références variées (documents, films, reportages, articles de presse, etc.).

Eurêkoi est coordonné par la Bibliothèque publique d'information du Centre Pompidou à Paris avec, depuis 2017, un nouveau service proposé : des conseils sur les livres, les bandes dessinées, les films ou séries. Sur leur site, vous répondez à une batterie de questions : vous avez envie de vous distraire ou d'être surpris ? Vous recherchez un livre, un film, une BD ? Les thèmes qui vous intéressent sont plutôt la science-fiction, l'humour ou l'action ? Vous indiquez vos choix et Eurêkoi vous suggère des œuvres correspondant le mieux à vos envies du moment.

Les questions posées et leurs réponses sont accessibles à tous en ligne. Pour les curieux, c'est un peu comme feuilleter un dictionnaire, prévoyez un minimum de temps !

→ **www.eurekoi.org**

CHAPITRE 7

ÊTRE UN CITOYEN ACTIF

POUR REPRENDRE SON DESTIN EN MAIN

KIT DE SURVIE

1. VOTER, C'EST EXERCER LE POUVOIR. NE PAS VOTER, C'EST LAISSER LES AUTRES CHOISIR À SA PLACE
2. DONNER SON AVIS LORS D'UNE CONSULTATION, INTERPELLER UN ÉLU LOCAL, PARTICIPER À UNE PÉTITION SONT AUTANT DE MANIÈRES DE DYNAMISER LA DÉMOCRATIE
3. UTILISER LA PALETTE D'OUTILS NUMÉRIQUES PROPOSÉS PAR LA *CIVIC TECH* EST UN EXCELLENT MOYEN DE PARTICIPER AU DÉBAT PUBLIC

Quelles initiatives peut-on prendre en tant que citoyen quand on a le sentiment que plus rien ne va ?

De nos jours, la crise de confiance envers la classe politique est majeure. Ainsi, l'exercice du droit de vote semble perdre de sa vigueur, alors qu'il est un élément clé du mécanisme de la démocratie représentative.

Face à ces enjeux, la *civic tech*, un mouvement qui veut allier civisme et technologie, pourrait bien donner un nouveau souffle à la démocratie, à nos institutions et, par ricochet, à nos représentants. Même si rien n'est gagné, c'est pour nous, en tant qu'électorat, un moyen supplémentaire de jouer notre partition. Nous sommes les décideurs et les vrais détenteurs du pouvoir.

Travailler plus pour gagner plus !
Travailler moins pour vivre mieux !
Eho !
Tu parles d'un débat d'idées...
Pour redistribuer les fruits de la croissance, il faut créer de la croissance !
Ah Ah !
Monsieur est incollable en croissance des fruits !!!
À propos, l'Europe a réautorisé ce fameux pesticide cancérigène. Si c'est pas malheureux...
C'est les lobbys papy ?
Une chose est sûre : c'est pas moi. J'avais signé la pétition...
Vous êtes bien mignons, mais comment on fait, nous, les agriculteurs sans chimie ?
Il a raison ! Vous imaginez la main d'oeuvre nécessaire ?
Faudrait des jeunes !
À la place du service militaire, un service agricole ! Ça leur fera les pieds.

Et pour les hommes politiques !
Ils arrêteront de raconter des salades...
À la place, ils les feront pousser !
ARF arf arf !
Voilà ce que j'en pense : ils aident les banques mais ils en ont rien à cirer des gens !
Et puis il y a trop d'étrangers en France.
Et en dehors de nos frontières c'est encore pire...
Allons bon
Soyons ouverts...
Chers camarades, bien le bonjour !
Oh, un marxien !
Qu'est-ce qu'il en pense le monsieur ?
Les philosophes n'ont fait qu'interpréter le monde. IL faut désormais le transformer.
Prenez en de la graine...

QUAND LES CITOYENS SE MÉFIENT DE LEURS REPRÉSENTANTS, CE N'EST PAS BON POUR LA DÉMOCRATIE

Depuis plusieurs décennies, les Français font partie des Européens les plus méfiants vis-à-vis de leur classe politique. Les enquêtes d'opinion se suivent et se ressemblent, avec toujours un même constat : les citoyens n'ont plus confiance en leurs représentants.

La question n'est plus tant de savoir qui en porte la responsabilité ou ce qu'il s'est produit pour en arriver là, mais plutôt s'il serait possible de trouver une issue à cette crise, néfaste à bien des égards.

Tout d'abord, cette méfiance favorise l'abstention. Pourquoi aller voter alors que ce sont « tous les mêmes » ? Ensuite, elle affaiblit les institutions républicaines, qui sont le fruit de combats, d'expériences, de résistances… Enfin, le rejet de la politique ou de ses représentants nourrit inéluctablement un discours antisystème démagogique repris à l'envi par des candidats de tous bords, qui rivalisent pour savoir qui sera le plus « anti ».

POUR LES FRANÇAIS, LES HOMMES ET FEMMES POLITIQUES NE COMPRENNENT PAS LEURS PRÉOCCUPATIONS QUOTIDIENNES

C'est la conclusion d'une enquête qui note que « les Français se révèlent majoritairement critiques envers les hommes et les femmes politiques pour ce qui est de prendre en compte les préoccupations liées à leur vie quotidienne ; **34 %** des personnes interrogées déclarent même ne leur faire confiance dans aucun des domaines de préoccupations testés ».

Globalement, on constate qu'aucun sujet de la vie de tous les jours n'est épargné.

NIVEAU DE CONFIANCE

Retraite 21 %

Emploi 27 %

Équilibre vie professionnelle/vie personnelle 29 %

Situation financière 32 %

Logement 44 %

Santé 45 %

Source : BVA/Domplus, « Les Français et leurs préoccupations de la vie quotidienne », novembre 2016

LES CITOYENS PLÉBISCITENT LES CITOYENS

Huit Français sur dix estiment que les citoyens sont « davantage capables de trouver des solutions efficaces à leurs problèmes et à ceux de la France » que les représentants politiques. Dans ce sondage, la démocratie collaborative est largement abordée et définie comme « un système politique où chaque citoyen peut proposer ses idées sans intermédiaire – c'est-à-dire sans délégation de pouvoir à des spécialistes, experts ou représentants politiques –, participer directement à l'élaboration d'un projet politique commun et s'impliquer dans les décisions ».

RÉSULTAT :
82 % des personnes interrogées se disent favorables à un tel système et 75 % estiment que cela pourrait déboucher sur des solutions efficaces.

Source : Harris Interactive/Le réveil de la France, « Une plus grande intégration des citoyens dans le fonctionnement démocratique peut-elle améliorer l'action politique aux yeux des Français ? », février 2016

QUEL LIEN ENTRE LES CITOYENS FRANÇAIS ET LE PERSONNEL POLITIQUE ?

C'est la vaste question posée par le Centre de recherches politiques de Sciences Po (Cevipof) en janvier 2018, dans le « Baromètre de la confiance en politique » (sondage OpinionWay).

NIVEAU DE CONFIANCE DANS LES PERSONNALITÉS POLITIQUES SELON LES FONCTIONS

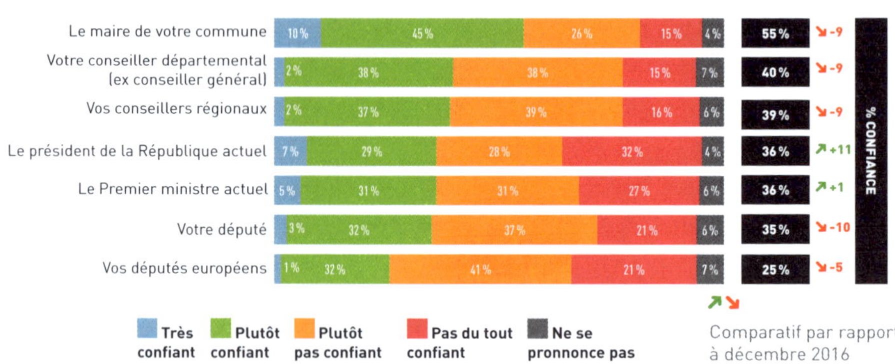

RAPPORT À LA POLITIQUE

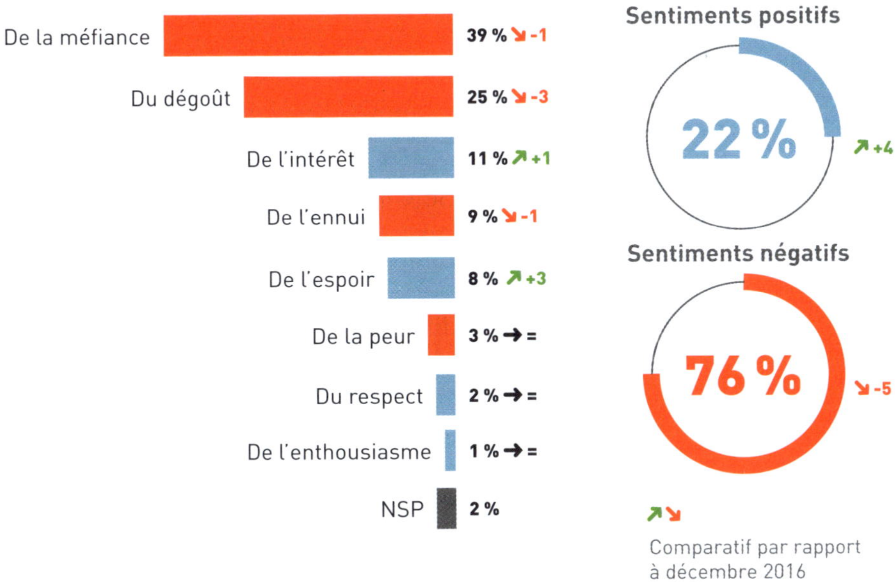

« Peur », « ennui », « dégoût », « méfiance », tels sont les termes choisis par **76 %** des personnes interrogées, ce qui confirme le sentiment négatif vis-à-vis de la politique. Une rupture profonde qui se retrouve régulièrement dans les urnes.

L'ABSTENTION, PREMIER PARTI DE FRANCE ?

Les partis politiques rivalisent d'astuces pour faire parler les chiffres à chaque résultat électoral et expliquer en quoi ils ont mieux réussi que les autres. Qui ne se souvient pas des éléments de langage des représentants du Front national (FN) au lendemain des élections régionales de 2015 ? Ces derniers répétaient à qui voulait l'entendre que le FN était devenu « le premier parti de France ». En réalité, pas plus le FN que les autres partis en lice ne pouvaient raisonnablement prétendre à ce titre, sinon le parti de l'abstention…

En effet, **53,1 %** du corps électoral ne s'est pas déplacé pour glisser un bulletin dans l'urne lors de ce scrutin, si l'on cumule ceux qui ne se sont pas inscrits sur les listes et les abstentionnistes, ce qui représente un chiffre considérable. Le parti s'autoproclamant « premier parti de France » a obtenu en réalité **12,5 %** des voix des Français en capacité de voter (**12 %** pour Les Républicains et **10,4 %** pour le Parti socialiste). Un « premier parti » en valeur relative, donc, mais usant d'une appellation trompeuse par rapport à son assise réelle. Parmi les moins mobilisés : les 18-34 ans (plus de **60 %** à ne pas voter) et les classes populaires.

Moyenne du taux d'abstention par élection

Présidentielles (1965-2017) : **19,5 %** → **23,8 %** aux dernières élections (2017)

Législatives (1958-2017) : **30,1 %** → **54,3 %** aux dernières élections (2017)

Européennes (1979-2014) : **50,9 %** → **56,5 %** aux dernières élections (2014)

Régionales (1986-2015) : **41,3 %** → **45,8 %** aux dernières élections (2015)

Départementales (2001-2015) : **43,8 %** → **49,9 %** aux dernières élections (2015)

Municipales (1959-2014) : **28,2 %** → **38,8 %** aux dernières élections (2014)

CIVIC TECH : UN VENT CITOYEN SOUFFLE SUR LA DÉMOCRATIE

La *civic tech* est un mouvement et les *civic tech* sont des acteurs. Dans les deux cas, on parle de « technologie civique » regroupant toutes les initiatives visant à impliquer et à faire participer les citoyens aux décisions publiques, afin de rendre la démocratie plus participative.

Concrètement, ce sont des applications numériques ou des sites Internet qui proposent leurs services aux citoyens ainsi qu'aux collectivités ou aux institutions, dans l'objectif de les rapprocher et de leur permettre de se concerter afin de prendre des décisions.

Les *civic tech* sont donc à même de proposer aux professionnels de la politique de nouveaux outils visant à faire participer les citoyens à la vie démocratique : peut-être un bon moyen de retisser un lien de confiance trop distendu ?

Mais il y aurait encore de la route à parcourir, selon Armel Le Coz, cofondateur du collectif Démocratie ouverte et de la plate-forme Parlement & Citoyens :

> « C'est un mouvement qui est en train de prendre de l'ampleur, mais qui est quand même assez jeune et récent, et il y a encore beaucoup de chemin à faire avant de réussir à bouleverser profondément les pratiques politiques des élus et même des citoyens. »
>
> Armel Le Coz, « Social Lab », France Inter, 29 janvier 2017

En partenariat avec

l'éléphant
la revue de culture générale

QUIZ

1/ TOUS LES FRANÇAIS SONT CITOYENS.

❑ Vrai ❑ Faux

2/ IL EXISTE UNE CITOYENNETÉ EUROPÉENNE.

❑ Vrai ❑ Faux

3/ LE PHILOSOPHE

Lequel de ces philosophes affirme que la démocratie ne peut être que directe en se fondant sur les droits naturels des êtres humains ?

❑ Rousseau ❑ Voltaire ❑ Montesquieu ❑ Nietzsche

4/ LE RÉGIME

Parmi les pays suivants, lequel connaît un régime de démocratie directe ?

❑ La France ❑ La Turquie ❑ Les États-Unis ❑ La Suisse

5/ ILS L'ONT DIT

Associez chaque citation sur la démocratie à son auteur :

A. « Je suis l'un de ces démocrates qui croient que le but de la démocratie est de faire accéder chaque homme à la noblesse. »
B. « Nos démocraties électives ne sont pas, ou de façon inaccomplie, des démocraties représentatives. »
C. « Le noir est l'uniforme de la démocratie. »
D. « La démocratie, c'est le gouvernement du peuple, par le peuple, pour le peuple. »
E. « Démocratie : l'oppression du peuple, par le peuple, pour le peuple. »
F. « La démocratie, c'est le pouvoir pour les poux de manger les lions. »
G. « La démocratie est un mauvais système, mais elle est le moins mauvais de tous les systèmes. »

❑ Paul Ricœur ❑ Abraham Lincoln ❑ Charles Baudelaire ❑ Georges Clemenceau
❑ Winston Churchill ❑ Oscar Wilde ❑ Romain Gary

QUIZ. 1/ Faux. Seules les personnes ayant la nationalité française et jouissant de leurs droits civils et politiques sont citoyens. Ainsi, les mineurs, les majeurs sous tutelle et les individus qui ont été déchus de leurs droits politiques et civils par des tribunaux ne sont pas des citoyens. **2/** Vrai. La citoyenneté européenne a été introduite par le traité de Maastricht signé en 1992. Tout individu doté de la nationalité d'un État membre la possède automatiquement. **3/** Il s'agit de Jean-Jacques Rousseau. **4/** C'est la Suisse qui implique le plus les citoyens dans le processus de décision. Une modification de la Constitution, quelle qu'elle soit, donne lieu à un référendum obligatoire. En outre, les citoyens peuvent demander, s'ils recueillent plus de 50 000 signatures, la mise en place d'un référendum pour modifier une loi fédérale. Ils peuvent aussi proposer au Parlement d'examiner une proposition de loi s'ils ont recueilli 100 000 signatures. **5/** A. Romain Gary ; B. Paul Ricœur ; C. Charles Baudelaire ; D. Abraham Lincoln ; E. Oscar Wilde ; F. Georges Clemenceau ; G. Winston Churchill.

VOTER EST UN DROIT, C'EST AUSSI UN DEVOIR CIVIQUE

Cette phrase énoncée sur les cartes électorales n'est pas symbolique. La vigueur d'une démocratie dépend largement de l'engagement du corps électoral qui donne mandat. Plus ce mandat a une assise large, plus la responsabilité de celui ou celle qui en a la charge est exposée, avec toutes les conséquences qui s'y rapportent, notamment vis-à-vis des électeurs. Le vote blanc n'étant pas reconnu en France, il a un poids limité.

Surtout, le droit de vote, universel et direct, n'a pas été acquis en un jour. Rappelons-nous que les femmes se sont vu reconnaître ce droit seulement en 1945 ! Le caractère universel et direct du vote confère un pouvoir central au peuple : celui de décider qui aura la charge des affaires publiques le temps d'un mandat. Il s'agit donc d'un moment de plein exercice de ce pouvoir citoyen, si souvent appelé de nos vœux : les élites ne s'autoproclament pas dirigeantes, c'est nous qui le décidons.

UN CORPS ÉLECTORAL ACTIF NE LAISSE PAS LA CONDUITE DE LA NATION À QUELQUES-UNS

Nous l'avons vu, la défiance des citoyens à l'endroit des représentants politiques est profonde. Les partis politiques ont du mal à fédérer les électeurs ; paradoxalement, l'abstention leur laisse toute la place. Si les citoyens votent massivement moins, ce sont les plus politisés d'entre eux – qu'il s'agisse de militants ou de simples sympathisants – qui décident *in fine* du sort des élections. Et voilà comment ce sont toujours les mêmes que l'on retrouve aux commandes. Ne pas voter, c'est accepter de laisser les autres décider à sa place.

AU-DELÀ DU VOTE, DE NOMBREUX OUTILS NUMÉRIQUES PEUVENT CONTRIBUER À CHANGER LES CHOSES

Chacun peut s'engager sans forcément voter grâce à des services numériques qui donnent la possibilité d'interpeller, d'échanger, d'influencer les décideurs politiques. Les sites et applications sont déjà nombreux et concernent la sphère locale, nationale ou internationale. Solliciter sa commune sur un problème de voirie, signer une pétition pour le retrait d'un projet de loi, questionner un parlementaire, donner son avis dans le cadre d'une consultation publique sont quelques exemples d'actions à entreprendre afin de dynamiser la démocratie au-delà du vote.

À l'échelle internationale, nous sommes plutôt considérés comme des précurseurs en la matière, avec de nombreuses initiatives dans ce domaine.

Loi pour une République numérique

Premier exemple grandeur nature de l'intérêt des *civic tech* pour Cyril Lage, fondateur de Cap collectif :

« Pour la première fois, on a permis à des citoyens de s'exprimer sur un projet de loi avant même son adoption au Conseil des ministres. La consultation a permis d'introduire quatre nouveaux articles et quatre-vingt modifications dans le texte. Ce qui n'a jamais été fait en France, ce qui n'a d'ailleurs jamais été fait ailleurs en Europe ou dans le monde. »

Cyril Lage, « Social Lab », France Inter, 29 janvier 2017

NOTRE DÉMOCRATIE EST « À LA CARTE »

Nous avons le choix de nos engagements. Selon nos centres d'intérêt, nos préoccupations du moment ou même l'actualité, chacun a la possibilité de s'investir où il le souhaite, à l'échelle d'un quartier dans sa commune, dans une cause ou dans un projet politique… C'est avant tout en incarnant ses propres convictions ou engagements que l'on peut devenir un citoyen actif.

IMAGINER UNE DÉMOCRATIE PLUS PARTICIPATIVE

ENTRETIEN AVEC L'EXPERT

Romain Slitine, maître de conférences à Sciences Po Paris, est spécialiste des innovations sociales et démocratiques.

Vous êtes enseignant, comment vos étudiants appréhendent-ils la politique ?

J'ai le sentiment qu'ils sont détachés de la vie politique traditionnelle et, sans aller jusqu'à dire qu'ils sont désabusés, qu'ils n'y croient pas trop. Par ailleurs, je ne vois pas de débats idéologiques très prononcés ; ils ont par contre une volonté affirmée d'engagement, mais qui ne passe pas par la politique traditionnelle. L'action et l'engagement associatif ou local sont privilégiés.

Quel est votre point de vue personnel sur la classe politique française ?

Un fait m'a particulièrement marqué lors des élections régionales de 2015. Alors que le Front national était en progression et que l'abstention était à son plus haut niveau, j'ai vu une classe politique incapable de se remettre en question. Je repense notamment à une phrase qui a été répétée par tous les responsables politiques : « On a entendu le message des Français. » C'était avouer qu'ils étaient dans l'incapacité de se renouveler.

Malgré la distance prise par les Français vis-à-vis de la politique, il n'y a pas de véritable réaction de leur part. Le boycott ne marche-t-il pas dans ce domaine ?

Tant que « ça dure » et que « ça tient », on continue ! Le problème vient peut-être du fait que le boycott en politique n'est pas organisé, notamment parce qu'il n'est pas reconnu. Le vote blanc n'a pas de statut ; on amalgame d'ailleurs les blancs et les nuls sans distinction. Il n'y a pas de dispositif pour faire remonter le mécontentement des citoyens. Or, dans une démocratie qui fonctionne, il faut pouvoir organiser un boycott. Cela passe alors par des réformes institutionnelles. Actuellement, ce sont les votes extrêmes, d'une certaine manière, qui fédèrent cette contestation.

Le vrai enjeu, qui pourrait être placé dans une perspective de changement, serait donc de donner de nouveaux espaces démocratiques dans un contexte où l'on est citoyen uniquement pendant le temps des élections. Créer de nouveaux espaces permet de passer de la protestation à l'action.

Pour vous, être un citoyen actif, qu'est-ce que c'est ?

Tout d'abord, c'est prendre conscience que c'est possible dès maintenant, dans le contexte actuel. La première chose que chacun peut faire est de participer à des pétitions grâce aux nombreuses plates-formes qui proposent d'organiser ce type de mobilisation. Ces outils permettent, dans certains cas, de gagner un combat et, dans d'autres, d'inscrire des sujets à l'agenda politique. Nous pouvons donc, en tant que citoyens, nous exprimer et interpeller les représentants politiques, sans pour autant remettre en cause leur légitimité démocratique.
Autre élément important : la transparence de la vie publique. Certaines associations comme Regards citoyens font un travail d'information des citoyens très intéressant, grâce aux données ouvertes et libres d'utilisation. Ce site a par exemple lancé les initiatives NosDéputés et NosSénateurs, qui donnent à chacun la possibilité de suivre de manière assez précise l'activité parlementaire. Cette démarche ne s'inscrit pas dans un objectif de contrôle : il s'agit surtout de valorisation, ce qui est d'autant plus intéressant.
Le troisième levier concerne la coconstruction des politiques publiques et des lois. C'est ce que propose notamment le site Parlement et citoyens, une démarche qui peut parfaitement être déclinée au niveau local. Cette initiative, qui consiste à associer des parlementaires et des citoyens pour rédiger la loi, démontre aussi que sans changer une ligne de la Constitution de 1958, on peut révolutionner la pratique,

même si cela reste, à ce stade, expérimental. Dans la continuité de cette démarche, les budgets locaux participatifs permettent aussi aux citoyens d'avoir voix au chapitre dans la prise de décisions stratégiques.
Enfin, de nombreuses initiatives locales naissent régulièrement : s'y engager est une excellente manière d'être un citoyen actif. On peut donc agir à différents niveaux selon ses choix personnels.

→ **www.regardscitoyens.org**
→ **www.nosdeputes.fr**
→ **www.nossenateurs.fr**
→ **https://parlement-et-citoyens.fr**

Vous ne citez pas le fait de glisser un bulletin dans l'urne ?

C'est vrai, mais cela me paraissait tellement évident ! C'est un socle indispensable à la vitalité démocratique, même s'il me semble que l'on pourrait innover sur ce point également. Et j'ajoute que si l'exercice du droit de vote est fondamental, il ne faut pas pour autant réduire la démocratie au vote.

Se présenter à une élection, est-ce un acte citoyen ?

Évidemment, il faudrait d'ailleurs faciliter l'accès aux élections de toutes natures. La plupart des partis politiques réfléchissent à la manière dont ils pourraient mobiliser davantage les citoyens, au-delà de leurs traditionnels fidèles.

La dernière élection présidentielle a-t-elle ouvert la voie à une nouvelle façon de faire de la politique ?

Le risque du parti La République en marche (LREM) est que ce soit le Canada Dry de la transformation démocratique. Il est incontestable que cette élection a fait bouger les lignes traditionnelles, avec une vieille garde malmenée, mais qui s'est en grande partie raccrochée au changement.

Il me semble qu'une captation forte de ce discours du changement et de transformation ancien monde-nouveau monde a eu lieu en 2017. Mais c'est une vision très classique de la politique que nous observons dans les premiers mois de la pratique du pouvoir. Quand on regarde les fondations du parti LREM, nous ne sommes pas sur des pratiques démocratiques nouvelles, qu'il s'agisse par exemple des modes de désignation des responsables ou de la liberté individuelle des élus au Parlement.

Les institutions de la Ve République sont-elles adaptées à davantage de participation des citoyens ?

Un mouvement est là, indéniablement. Beaucoup de choses peuvent être faites sans grandes réformes, mais il me paraît indispensable que les institutions suivent ce mouvement. Un dispositif est à imaginer, associant les acteurs de la *civic tech*, les politiques et les citoyens. Pour autant, on peut parfaitement être un citoyen actif au-delà ou en dehors des institutions. D'ailleurs, on peut participer à la vie démocratique sans décider de voter… Il ne faut pas culpabiliser de ne pas s'intéresser à tout ; ce qui compte, c'est d'avoir conscience des outils mis à sa disposition si l'on souhaite prendre le pouvoir à son échelle de citoyen sans rester passif. Tout l'enjeu est de savoir si nos actions démocratiques ont un véritable poids dans les prises de décision.

VERS PLUS DE DÉMOCRATIE GRÂCE À INTERNET

DÉMOCRATIE OUVERTE, POUR QUE LE CITOYEN SOIT À NOUVEAU ACTIF

Démocratie ouverte est un collectif citoyen indépendant qui s'est donné pour mission « d'accélérer la transition démocratique, vers une société plus ouverte ». L'association réunit de nombreux acteurs de la *civic tech* et a lancé fin 2017 « Système D ». Cet incubateur démocratique « accompagne les initiatives citoyennes qui répondent à des urgences démocratiques, comme la défiance des citoyens envers les élus, la réduction de la démocratie au vote, la montée des inégalités territoriales ou encore la concentration du pouvoir politique, économique et médiatique ». L'association s'est engagée à faire bénéficier de son expertise les projets retenus, afin de les aider à se développer.

Les objectifs du collectif sont ambitieux :

- Repérer, mettre en réseau et accompagner les innovateurs démocratiques.
- Permettre aux citoyens de faire entendre leur voix et de gagner en pouvoir d'agir.
- Donner à voir la diversité d'initiatives citoyennes et politiques inédites en France et dans la francophonie.
- Proposer aux élus et aux administrations des outils et des méthodes pour gagner en efficacité et en légitimité.
- Tester de nouvelles manières de faire de la politique.
- Faire advenir une société ouverte, plus transparente, participative et collaborative.

→ **https://democratieouverte.org**

CAP COLLECTIF, DES BOÎTES À OUTILS POUR PLUS DE DÉMOCRATIE

Cap collectif, une société née au sein du collectif **Démocratie ouverte**, a une spécialité : accompagner les collectivités, associations, entreprises qui souhaitent mettre en place une démarche de transparence, de collaboration ou de participation.

Cela peut prendre différentes formes, comme un budget participatif pour une commune, une consultation numérique pour une ONG, un appel à projets pour une collectivité ou une fondation.

Dans les faits, il s'agit de solutions Web participatives permettant aux acteurs d'inclure les publics dans une démarche d'intelligence collective. La start-up s'est fixé plusieurs missions :

- Transparence : ouvrir les données, faire de la pédagogie, permettre le suivi de la gouvernance.
- Participation : consulter, concerter, coconstruire.
- Collaboration : casser les silos et structures pyramidales, travailler en transversalité, organiser des partenariats.

➜ **https://cap-collectif.com**

PARLEMENT ET CITOYENS : QUAND LES ÉLUS ACCEPTENT DE FAIRE LA LOI AVEC LES ÉLECTEURS

La promesse du site **Parlement et citoyens** est claire : que chacun puisse participer à l'élaboration de la loi afin que les citoyens et parlementaires recherchent ensemble des solutions aux problèmes de notre pays.

En pratique, ce sont des consultations organisées avec des parlementaires (députés et sénateurs) ayant décidé d'associer des citoyens à la rédaction de leurs propositions de loi. Six phases au total jalonnent le processus, qui a pour objectif de nourrir le texte de l'ensemble des points de vue. L'enjeu final est évidemment l'inscription de la proposition de loi à l'ordre du jour de l'assemblée concernée (Assemblée nationale ou Sénat), ce qui n'est pas une mince affaire.

➜ **https://parlement-et-citoyens.fr**

DES PRIMAIRES CITOYENNES POUR FAIRE ÉMERGER DES CANDIDATS EN DEHORS DES PARTIS

Deux primaires citoyennes ont été lancées lors des élections présidentielles de 2017. Leur objectif était de permettre à un candidat de bénéficier d'une légitimité pour représenter une candidature crédible en dehors des partis. Une démarche qui a eu le mérite de mettre le citoyen au cœur du processus de désignation des candidats.

• **la « primaire des Français »**, initiée par des mouvements comme Génération Citoyens de Jean-Marie Cavada, Cap 21 de Corinne Lepage ou encore Bleu Blanc Zèbre d'Alexandre Jardin.

• **« LaPrimaire.org »** avait mis en place une procédure sophistiquée de désignation d'un candidat – votes, débats, soutien financier –, et a réussi à rassembler plus de 120 000 participants, créant ainsi une première dynamique autour de la candidate investie, Charlotte Marchandise-Franquet. Ce mode de désignation en dehors de tout parti politique serait une première mondiale.

C'est dit !

Pour le professeur de droit Alberto Alemanno, titulaire de la chaire Jean Monnet à HEC,
« l'initiative d'une primaire citoyenne est tout à fait inédite ; c'est une forme de participation politique qui n'est pas conventionnelle, c'est-à-dire qu'elle se distingue par rapport aux canaux traditionnels de la politique et notamment du recrutement de la classe politique : elle représente une vraie expérimentation ».

Alberto Alemanno, « Social Lab », France Inter, 9 octobre 2016

DES INITIATIVES POUR RÉINVENTER LA DÉMOCRATIE

Il existe des réponses à l'abstention et à la défiance envers la classe politique traditionnelle. Elisa Lewis et Romain Slitine sont allés à la rencontre d'innovateurs de la démocratie dans le monde entier pendant deux ans. Le résultat est inspirant.

Dans leur ouvrage, ils relatent notamment l'expérience des partis « citoyens » tels que Podemos en Espagne ou le Parti pirate suédois : constat de départ, montée en puissance, fonctionnement, poids électoral, etc.

Les auteurs s'intéressent également à la façon dont une loi peut être écrite avec les citoyens, ou encore à l'expérience d'acteurs publics locaux, qui réussissent à retisser du lien avec leurs administrés.

Elisa Lewis et Romain Slitine, *Le Coup d'État citoyen. Ces initiatives qui réinventent la démocratie*, La Découverte, 2016

LE BOYCOTT, UN MOYEN DE PLUS POUR AGIR

I-boycott est une plate-forme citoyenne qui vise à contraindre les entreprises à plus de responsabilité. L'action politique se situe donc sur le terrain de la consommation avec une arme collective : le boycott.

L'association propose une procédure collective de validation des opérations de boycott ainsi que le relais des échanges avec les marques concernées.

On peut lire sur le site du collectif : « Notre objectif est d'offrir aux citoyens un outil leur permettant d'agir concrètement contre les grands acteurs économiques à l'origine de scandales éthiques. I-boycott est une plate-forme qui permet de nouer un rapport plus riche et plus responsable entre les consommateurs et les entreprises. »

Concrètement, chaque citoyen peut lancer une campagne en suivant une procédure précise. L'objectif est de réunir un maximum de participants afin de faire réagir l'entreprise concernée et l'inciter à changer.

Au moment de la rédaction de ce chapitre, il y avait par exemple une campagne de boycott contre Marineland (« Libérez les orques ») ou encore Starbucks (« Non à l'optimisation fiscale »).

C'est ainsi que JouéClub a mis fin à un partenariat de trente ans avec le cirque Pinder, qui utilisait encore des animaux sauvages durant ses spectacles. La campagne avait réuni « seulement » 3 551 votants. Efficace.

→ **www.i-boycott.org**

LES BUDGETS PARTICIPATIFS, UN ENJEU POUR LA DÉMOCRATIE LOCALE

En France, près d'une cinquantaine de villes ont mis en place un budget participatif.

Le principe est toujours le même : les citoyens peuvent proposer des projets locaux et y affecter une partie du budget, en général sur des investissements. Les règles de sélection et de vote varient d'une commune à l'autre.

C'est à Porto Alegre, au Brésil, qu'a été voté le premier budget participatif au monde, à la fin des années 1980. Puis, le concept s'est étendu à d'autres villes d'Amérique latine, mais aussi d'Asie, d'Afrique et d'Europe. À ce jour, on estime qu'entre 1 200 et 2 800 villes dans le monde proposent un budget participatif.

Et si les mécanismes changent d'une ville à l'autre, la part du budget varie également (de 1 à 5 %), tout comme la taille des villes impliquées. Paris fait office d'exemple, avec plus de 100 millions d'euros alloués en 2018.

→ **www.lesbudgetsparticipatifs.fr**

CHAPITRE 8

PRENDRE SON TEMPS

ÊTRE LIBRE POUR SOI ET POUR LES AUTRES

KIT DE SURVIE

1. REPRENDRE LE CONTRÔLE DE SES ÉCRANS
2. MIEUX GÉRER SON TEMPS EN ÉVITANT DE S'ÉPARPILLER DANS SES TÂCHES
3. TROUVER SON PROPRE RYTHME DANS UNE SOCIÉTÉ QUI VA TOUJOURS PLUS VITE

Alors que les promesses de la « modernité pour tous » se focalisaient sur le temps que nous allions gagner au début du XXe siècle, la réalité cent ans plus tard est tout autre. Le numérique et autres objets connectés nous donnent la possibilité de faire tout plus vite et, paradoxalement, nous n'avons jamais été si pressés, voire oppressés.

Ce manque de temps, chronique, a des conséquences sur notre moral et notre santé. Face à ce constat, des mouvements sont nés autour de la notion de « slow » : « slow life », « slow food », « slow déco », « slow » tout court ! Et si nous redevenions maîtres de l'un des biens les plus précieux qui soient ? Le temps n'est certainement pas de l'argent, mais prendre son temps, c'est la liberté assurée.

FAIRE LA GRASSE MATINÉE
JARDINER
RECOUDRE SES CHAUSSETTES
ÉCRIRE UN POÈME OU UNE BD
PRENDRE DE LA HAUTEUR
MASSER OU SE FAIRE MASSER
ALLER À LA PISCINE
BRICOLER AVEC LE CONTENU DE SA POUBELLE DE TRI
ÉCOUTER LE SILENCE

EXPLORER UN NOUVEAU LIEU
ALLER À LA CHASSE AUX CHAMPIGNONS
PRENDRE L'ESCALIER PLUTÔT QUE L'ASCENSCEUR
ÊTRE À L'ÉCOUTE DE SON CORPS
MARCHER PIEDS NUS DANS L'HERBE
APPRÉCIER CHAQUE REPAS
FAIRE LE TRI
ALLER À LA BIBLIOTHÈQUE
UTILISER SON TÉLÉPHONE QUAND C'EST UTILE
Moi aussi je suis hyper occupé en ce moment. Quand est-ce qu'on se voit ?

TOUJOURS PLUS VITE, MAIS JUSQU'OÙ ?

Nous sommes 78 %* à exprimer un désir de ralentir dans une société dont le rythme est trop rapide.

POURQUOI LE TEMPS EST-IL DEVENU UN ENJEU DU QUOTIDIEN ?

Nous disposons matériellement de plus de temps pour nos loisirs que dans les années 1970. Pourtant, nous avons le sentiment d'en manquer. « Les journées ne font que 24 heures », comme on dit ! Pourtant, nous n'avons jamais été entourés d'autant de technologies censées nous faire gagner du temps : réservations ou démarches sur Internet, équipements ménagers « intelligents », péages automatiques, GPS…

Alors, que se passe-t-il ? Dans son ouvrage *Tout s'accélère*, Gilles Vernet apporte une explication : « Un changement majeur s'est produit depuis une vingtaine d'années, sans doute décisif dans notre sensation d'accélération : l'entrée d'Internet dans nos foyers. […] Avec l'ordinateur, le loup est entré dans la bergerie : la machine performative a investi nos maisons. Avec le smartphone, elle ne nous quitte plus. Nous sommes désormais synchronisés en continu avec son rythme. On peut nous joindre à tout moment. »

Source : Gilles Vernet, *Tout s'accélère*, Eyrolles, 2017

Ainsi, la porosité entre vie professionnelle et vie personnelle est bien réelle alors que, selon l'Insee, le temps quotidien dédié aux loisirs, qui n'a cessé d'augmenter ces dernières décennies, atteint aujourd'hui 4 heures 54 pour une femme et 5 heures 30 pour un homme.

* Source : Forum Vies mobiles, « Aspirations liées à la mobilité et aux modes de vie », 2016

EMPLOI DU TEMPS DES FRANÇAIS

Temps passé par activités et évolution depuis 1974

Femmes En 2016	Femmes Depuis 1974		Hommes En 2016	Hommes Depuis 1974
4 h 07	↘ 85 min	Activités domestiques	2 h 36	↗ 39 min
0 h 54	↘ 18 min	Cuisine	0 h 20	↗ 4 min
0 h 19	↘ 27 min	Vaisselle	0 h 09	→ 0 min
0 h 50	↘ 4 min	Ménage	0 h 17	↗ 5 min
0 h 35	↘ 3 min	Éducation et soin des enfants	0 h 16	↗ 7 min
1 h 57	↘ 22 min	Travail	3 h 07	↘ 72 min
4 h 54	↗ 19 min	Loisirs	5 h 30	↗ 52 min

Une journée moyenne

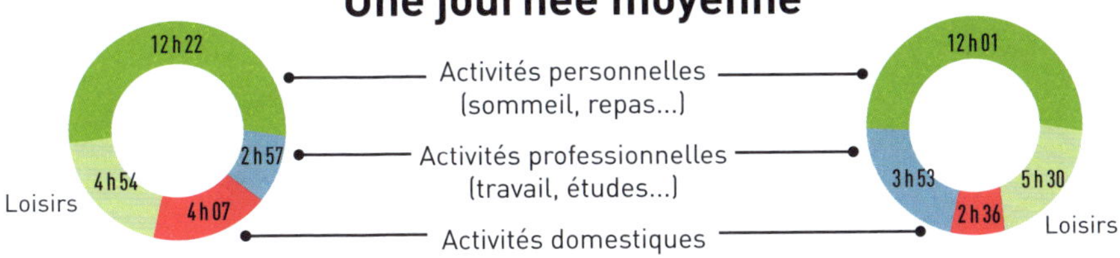

Source : Insee

N.B. : si cette photographie est intéressante, elle doit être lue avec prudence, car elle est le résultat d'une étude portant sur l'ensemble des Français : actifs, inactifs, retraités, étudiants...

LES FRANÇAIS SONT « CONNECTÉS »... ET OCCUPÉS

Notre pratique numérique rythme nos journées d'une manière souvent anarchique. Au-delà de nos habitudes de connexions (très) fréquentes (un coup d'œil sur son portable au réveil, au petit-déjeuner, dans les transports, à la pause, en marchant, par réflexe, le midi, le soir en regardant un film, aux toilettes, etc.), la mobilité d'Internet *via* nos smartphones leur confère une capacité de nuisance sous-estimée.

Nous recevons/envoyons environ cinquante e-mails par jour, dix SMS et combien de messages sur WhatsApp, Messenger, Slack et autre Snap ? L'ensemble de ces moyens de communication sont autant de « perturbations » pendant nos journées, auxquelles s'ajoutent les alertes des sites d'information, commerçants ou culturels. Bref, si notre smartphone est toujours près de nous, nous ne pouvons pas passer un quart d'heure sans le regarder et donc faire alterner notre attention entre plusieurs actions. Certaines études avancent que nous consultons nos smartphones plus de deux cents fois par jour, pour une durée quotidienne dépassant les trois heures. De quoi polluer notre journée et vampiriser notre temps disponible !

Téléphoner et conduire, tapoter sur son téléphone tout en écoutant une personne parler, envoyer un e-mail dans une réunion... Si ce type de comportement peut nous faire passer pour quelqu'un de très productif, il est en réalité à l'origine de contre-performances et est susceptible de nous mener jusqu'à l'épuisement psychique.

C'est dit !

« Même si les pertes de temps pour passer d'une tâche à une autre sont très faibles, parfois de l'ordre de quelques dixièmes de seconde par permutation, elles peuvent s'accumuler pour totaliser de longues minutes lorsque des personnes changent de tâche de façon répétée. [...] Les blocages psychiques même brefs causés par les passages d'une tâche à une autre peuvent entraîner une réduction allant jusqu'à 40 % du temps de travail effectif d'une personne dans une journée. »

Source : Association américaine de psychologie, www.apa.org

INTERNET JOUR APRÈS JOUR

Dix-huit heures, c'est le temps hebdomadaire moyen que nous passons sur Internet. Si on y ajoute les **20** heures devant la télévision, cela équivaut à **38** heures par semaine devant un écran.

- **74 % des Français** se connectent à Internet tous les jours.
- **14 % des internautes de 12 ans et plus** sont « en manque » d'Internet au bout de quelques heures.
- **100 % des 12-39 ans** sont internautes et **94 % des 18-24 ans** utilisent les réseaux sociaux (**84 % des moins de 40 ans**).
- **30 % de la population** possède un triple équipement : smartphone, tablette et ordinateur.
- **65 % de la population** pense qu'Internet est important pour se sentir intégré dans la société.

Source : Crédoc, « Le Baromètre du numérique 2016 », 2016

C'est dit !

« Notre comportement compulsif envers les technologies n'a rien d'innocent : ceux qui en conçoivent les interfaces ont été formés pour maîtriser l'art de nous y faire passer le plus de temps possible. Sauf qu'en appliquant les règles de "persuasion" qui prévalent dans la Silicon Valley depuis des années, les designers menacent indirectement notre liberté : celle d'accorder notre attention – et les 24 heures que compte chaque journée – à ce que l'on veut. »

James Williams, ex-employé de Google

Source : Annabelle Laurent, « Sur son lit de mort, personne ne se dit : "J'aurais aimé passer plus de temps sur Facebook" », *Usbek & Rica*, 19 juin 2017

VIE PERSONNELLE, VIE PROFESSIONNELLE : DE LA DIFFICULTÉ DE TOUT CONCILIER

- **37 % des Français** rencontrent des difficultés importantes pour concilier les différents aspects de leur vie.
- **59 %** ont le sentiment de négliger leur sommeil, mais aussi leur couple (**57 %**), leur corps (**55 %**) et même les loisirs avec les enfants pour les parents (**62 %**).
- **68 % des salariés** affirment manquer de temps pour équilibrer leurs temps de vie (professionnelle, familiale, associatif, pour les loisirs, etc.).

Source : « Enquête Ipsos pour l'observatoire du bien-être Bion-laboratoire Merck », septembre 2010

- **35 %** trouvent « trop important » le temps qu'ils consacrent à leur travail, alors que, pour **93 %** des personnes interrogées, la conciliation entre ces différents temps de vie est un sujet « important ».

Source : « Baromètre 2016 de l'Observatoire de la parentalité en entreprise sur la conciliation entre vie professionnelle, vie personnelle et vie familiale », 2016

- **57 % des parents** culpabilisent de ne pas passer assez de temps avec leur enfant.

Source : Ipsos, « Baromètre Kinder des relations parents-enfants », décembre 2016

- **Plus de trois millions de Français** seraient exposés au risque de burn-out.

Source : Technologia, « Étude clinique et organisationnelle permettant de définir et de quantifier le burn-out », février 2014

TOUT S'ACCÉLÈRE, MAIS POUR QUOI FAIRE ?

Et si nous étions poussés à aller toujours plus vite, dans une société qui a comme repère la performance ? Le temps politique poussé par le temps médiatique est constamment tourné vers le court terme, la réaction est privilégiée sur la réflexion. Le temps économique n'est pas en reste, avec cette course à la rentabilité si difficile à réussir pour nombre de petites entreprises confrontées à une concurrence et à un marché toujours en attente de plus de rapidité. Nos egos se nourrissent sans cesse d'une compétition de l'image qui ne dit pas son nom sur les réseaux sociaux. Et se dépêcher, courir toute la journée, est une bonne façon de se sentir vivant ou, peut-être, de ne pas penser à la mort, que notre modèle de société ignore subtilement.

En partenariat avec

l'éléphant la revue de culture générale

QUIZ

/ LA CITATION

omplétez cette citation de Haruki Murakami : « Un homme perturbé et divisé ne peut…

❑ … dormir sur ses deux oreilles. » ❑ … avoir confiance en ses capacités. »
❑ … aboutir à une conclusion logique. »

/ L'ATTENTION

ne étude réalisée en 2012 sur le *task switching* (le fait de sauter d'une tâche à une autre en raison 'une cause extérieure) a montré que les adolescents étaient interrompus plus souvent que es adultes. Combien de fois par heure le sont-ils ?

❑ Sept fois ❑ Dix-sept fois ❑ Vingt-sept fois

/ LA CONCENTRATION

ous êtes concentré sur une tâche, lorsque vous êtes interrompu. D'après vous, combien de temps ous faut-il pour vous concentrer de nouveau sur votre tâche initiale ?

❑ Cinq secondes ❑ Trente secondes ❑ Une minute

AVEC PHILOSOPHIE

4/ Pour Sénèque, quel est le meilleur moyen de vivre intensément ?

❑ Ne jamais cesser de s'engager avec passion dans diverses activités ❑ Vivre isolé pour apprendre à se connaître, à l'écart du tumulte du monde ❑ Se retirer en soi-même, faire régulièrement le bilan de son existence et s'adonner à des occupations importantes

5/ Pour Henri Bergson, la meilleure façon de saisir ce qu'est le temps est de s'intéresser :

❑ Au temps scientifique, précisément mesuré et en s'appuyant sur une conception objective et spatialisée du temps ❑ À la « durée », qui est l'intuition subjective du temps comme mouvement incessant
❑ Au temps qu'il fait, c'est-à-dire à la météorologie

6/ Qu'est-ce que Pascal appelle « divertissement » ?

❑ Les occupations auxquelles nous nous adonnons pour ne pas vivre l'expérience du néant
❑ Les occupations qui nous procurent un bonheur intense, bien que bref
❑ Toute occupation qui ne concerne pas la réflexion sur la condition humaine
❑ Les jeux de société

QUIZ. 1/ « Un homme perturbé et divisé ne peut aboutir à une conclusion logique. ». **2/** On comptabilise chez les plus jeunes vingt-sept épisodes de *task switching* par heure en moyenne, contre dix-sept pour les adultes. Cela signifie qu'en une heure, un adolescent ne peut rester concentré sur la même tâche plus de deux minutes d'affilée ! **3/** Il faut une minute pour se concentrer de nouveau sur sa tâche initiale lorsque l'on a été interrompu. D'où une perte globale de temps très importante et une baisse des performances, de la motivation et de l'estime de soi. **4/** Pour Sénèque, l'agitation frénétique et l'isolement ne sont pas les bons moyens pour vivre intensément. Il convient, selon lui, de faire régulièrement le bilan de sa propre existence et de vaquer à des occupations tranquilles et importantes. **5/** À la « durée », qui est l'intuition subjective du temps comme mouvement incessant. Notre façon de percevoir le temps n'est pas homogène. Par exemple, lorsque nous passons un bon moment, le temps semble s'accélérer. **6/** Il s'agit des occupations auxquelles nous nous adonnons pour éviter de sombrer dans l'ennui et faire ainsi l'expérience du néant.

RALENTIR, LA SEULE URGENCE...

Pour faire du temps un allié,
il est urgent de le prendre !

LE TEMPS, C'EST ~~DE L'ARGENT~~ LA LIBERTÉ !

Prendre conscience de la manière dont nous gérons notre temps jour après jour et faire le point sur nos (véritables) priorités va nous permettre de regagner du temps pour nous. Peu importe la manière dont on va s'en servir, cela est propre à chacun. Pêcher, flâner, travailler, partager, lire, manger ou faire à manger, être avec ses proches, penser à soi et à son corps… À vous de choisir maintenant d'avoir le choix. Cela ne peut que contribuer à vous rendre plus heureux et de nouveau disponible pour ce qui compte vraiment.

PRENDRE LE TEMPS DE MANGER

C'est seulement au bout de vingt minutes passées à table que notre cerveau est en mesure de nous communiquer le sentiment de satiété. Certaines études avancent même que cela permettrait de consommer 10 % de calories en moins par repas. Textures, goûts, couleurs, parfums… Manger est aussi un plaisir qui se renouvelle chaque fois avec la même intensité !

Et n'oubliez pas qu'une bonne digestion commence par le mâchage. Plus on mastique les aliments, plus le transit est facilité, ce qui peut notamment éviter maux de ventre ou fatigue.

PRENDRE LE TEMPS D'ÊTRE HEUREUX ET EN BONNE SANTÉ

Encore faut-il savoir comment faire, me direz-vous ? C'est la question que se posent des chercheurs de la prestigieuse université de Harvard depuis soixante-quinze ans… Les résultats de leurs travaux ont été publiés en 2015 par le psychiatre Robert Waldinger, directeur de cette étude ambitieuse, qui a passé au crible tous les aspects de la vie quotidienne des 724 participants américains. Voici les trois principales conclusions :

- **Les bonnes relations humaines nous rendent plus heureux et en meilleure santé, alors que la solitude subie tue.**
- **C'est la qualité (et non la quantité) des relations qui compte le plus.**
- **Les relations durables et sécurisantes protègent non seulement le corps, mais aussi l'esprit, puisqu'elles favorisent une meilleure mémoire.**

PRENDRE LE TEMPS DE DORMIR SUFFISAMMENT

En moyenne, nous dormons une heure et demie de moins qu'il y a cinquante ans. Le manque de sommeil a des conséquences concrètes : prise de poids, diabète, maladies cardiovasculaires, hypertension artérielle, troubles gastro-intestinaux, infections virales, maux de tête, dépression… Ce qui compte, c'est de savoir quel type de dormeur vous êtes et d'adapter votre vie en conséquence. Bref, de trouver votre propre rythme.

PRENDRE LE TEMPS POUR REPRENDRE LE CONTRÔLE

Combien de risques inutiles prenons-nous pour aller plus vite ? En voiture, par exemple, pour gagner du temps, on double, on dépasse la vitesse autorisée ou on passe au feu orange pour gagner quelques secondes ou minutes tout au plus. Non seulement cela n'améliore pas réellement notre vie, mais cela a un coût financier, environnemental et parfois des conséquences dramatiques.
Prendre un peu plus son temps signifie donc faire moins, mais faire mieux. Si nous évaluons ce que nous pouvons réellement réaliser dans une journée et ce sans stresser, un nouveau monde peut s'ouvrir à nous.
Dans certains cas, lorsque nous devons faire face à un problème qui nous paraît insurmontable, prendre un peu de recul, et donc du temps, permet de mieux l'appréhender, l'accepter, voire le résoudre.

PRENDRE LE TEMPS NÉCESSAIRE

On néglige la valeur du temps et ses promesses. Sans nécessairement anticiper un objectif déterminé, prendre son temps est l'occasion de lâcher prise, avec à la clé bien des surprises. Prendre son temps peut nous mener vers de nouvelles contrées où la sérénité, la créativité et la réflexion se libèrent pour nous éclairer, nous aider à voir les enjeux de tous les jours autrement, avec la distance nécessaire.

TROUVER SON PROPRE RYTHME

ENTRETIEN AVEC L'EXPERT

Gilles Vernet est un ancien professionnel de la finance de marché, un trader. Lorsqu'il a appris que sa mère était atteinte d'une maladie incurable, il a décidé de tout arrêter pour l'accompagner. Puis il est devenu instituteur, auteur de documentaires et d'ouvrages sur le temps, l'accélération, la croissance.

Est-ce une vigilance de tous les instants que de garder un œil sur le temps qui passe afin d'en garder un peu pour soi ?

Oui ! Notamment depuis que j'ai compris que nous sommes accros à l'adrénaline, et que je l'étais tout particulièrement quand je travaillais sur les marchés financiers. Je considère que chacun d'entre nous vit sous adrénaline dans le monde actuel, en raison de l'intensité productive qui est demandée. Un phénomène contemporain s'impose, cause de notre sentiment de saturation mentale, mais aussi de la multiplication des burn-out : il s'agit du flux communicationnel.

Le fait de garder son smartphone toujours avec soi – sur lequel nous recevons SMS, appels, e-mails et notifications des réseaux sociaux, mais aussi des applications – démultiplie le flux de communication qui nous arrive dessus. Et si l'on veut répondre en continu à toutes ces sollicitations, on se retrouve sans aucun temps disponible de manière continue.

C'est la fameuse disruption permanente qui morcelle l'esprit, empêche de prendre du recul, de voir loin, qui nous rive le nez dans le guidon. Je pense donc qu'il faut être vigilant et laisser son téléphone mobile à distance par moments dans la journée pour se ressourcer, mais aussi pour mener un projet ou une idée à son terme.

Vous évoquez d'ailleurs le smartphone dans votre livre *Tout s'accélère*. Pour vous, il est une cause majeure de notre manque de temps au quotidien...

C'est indubitable. D'ailleurs, pour comprendre les raisons pour lesquelles de nombreuses personnes se plaignent depuis une dizaine d'années d'une carence temporelle, le smartphone entre bien dans l'équation. Il y a d'un côté la demande de productivité financière qui rend le travail de plus en plus intense et, de l'autre, dans le même temps, l'essor technologique et l'utilisation de ces outils.

Outre le problème du smartphone qui nous suit partout, il y a l'idée que, comme le dit Aristote, « on est ce que l'on fait de manière répétée »: quand on le consulte deux cents fois par jour, on ancre d'un point de vue pavlovien le fait qu'à tous les moments de pause, de vide, on va revenir vers ce doudou qui, pour autant, ne nous prendra jamais dans ses bras.

Et en même temps, vous dites qu'il ne faut pas s'enfermer dans l'obsession de retrouver la maîtrise du temps ?

Certainement pas! Par contre, il est important de se ménager des pauses et de savoir le faire sans culpabilité; ce serait d'ailleurs là la clé du bien-être. Par ailleurs, je ne crois absolument pas à un ralentissement général ni à l'hypothèse d'une décroissance, qui est à l'opposé d'un autre dogme et le rejoint dans l'excès. Je pense qu'il est nécessaire de chercher un juste milieu et d'alterner les rythmes.

Aujourd'hui, nous sommes dans un monde hypercompétitif mondialisé, où on est tous en rivalité d'un point de vue professionnel, et de ce fait, poussés bon an mal an à se comporter comme des compétiteurs, en particulier les cadres, mais pas seulement. Quand on observe comment s'en sortent les grands compétiteurs sportifs, on constate que la phase de récupération est une des clés de leur succès. Tous les grands champions ont des coachs qui gèrent pour eux ces temps de repos, ce qui leur permet de faire face à l'effort le moment venu.

Le sommeil aussi est un sujet clé. Chacun doit apprendre à se connaître et à être à l'écoute de son corps. D'autant plus que l'omniprésence des écrans dans nos vies nous coupe de notre temporalité. Il arrive que les gens ne se rendent pas compte que leur corps n'en peut plus, car ils ont les yeux rivés en permanence sur la machine qui, elle, ne dort jamais!

Comment en sommes-nous arrivés là ?

On oublie souvent de rappeler que, depuis le Moyen Âge, l'humanité a connu la diffusion de l'horloge, la diffusion d'un temps séquencé d'abord à la minute, puis à la seconde au XVIIIe siècle, jusqu'au centième, puis l'entrée dans l'ère de la vitesse au XXe siècle. En parallèle de ce mouvement, l'idée selon laquelle « le temps, c'est de l'argent » s'est imposée, avec pour conséquence l'ambition de rendre son temps toujours plus productif.

Le problème est que cette croissance de la productivité est exponentielle et finit par atteindre ses limites en épuisant les gens. De mon point de vue, il y a une alliance objective de la finance et de la technologie, parce que l'une et l'autre se nourrissent mutuellement. D'une part, la technologie a besoin de la finance pour se développer car elle coûte cher et, d'autre part, la technologie le rend bien à la finance car elle est à l'origine de gains de productivité colossaux. Donc l'une et l'autre avancent de concert, mais aux dépens du rythme humain, en lien avec la nature.

Y a-t-il un message politique dans ce que vous dites ?

Non, je ne crois pas; j'ai la conviction que cette course contre le temps qui nous manque tant est « transclasses » : elle concerne tout le monde. Par contre, elle interroge chacun sur le sens du système. Si ce dernier est conçu pour nous demander d'être toujours plus intenses dans nos actions, et donc d'effectuer plus de tâches en même temps, on peut légitimement se demander quel est son sens si tout un chacun en vient au final à en souffrir, à l'exception des champions.

Vous évoquez souvent l'ego ou la mort. Quel est le rapport avec le temps ?

Je dis même que les deux vont ensemble, et que face à la mort l'ego n'existe plus; sur son lit de mort, c'est davantage une main qui va nous aider que notre ego. Lorsque j'ai été confronté à la mort de ma mère, qui a été suivie par celles de mon père et de ma grand-mère, je me suis aperçu que je n'avais aucune conscience de la mort et qu'elle était tout simplement absente de notre société.

La mort a quasiment disparu du réel, alors que, consubstantielle à la vie, elle est partout. N'ayant plus cette expérience charnelle simple, on perd de vue cette banalité très bien résumée par André Gide : « Ça ne doit pas être bien difficile de mourir, parce que tout le monde y arrive.» On aurait peut-être plus de sérénité à faire face à cette banalité qu'est la mort, car c'est ce qui est inconnu, ce que l'on ne peut pas toucher ou approcher, qui fait peur. On peut même établir une

corrélation entre le fait que la mort soit devenue taboue et le fait que nous courions contre le temps pour fuir la mort, pour rendre la vie tellement intense qu'on en oublie notre finitude. Vivre toujours dans l'urgence permet de ne pas trop y penser.
Enfin, on peut voir notre accélération générale récente comme une mise en compétition des egos qui enflent, dans un oubli de leur subordination à quelque chose de plus grand qu'eux.

Pour nos lecteurs qui se demandent bien par où commencer, avez-vous une méthode à leur proposer ? Un chemin à prendre ?

Pas vraiment, à vrai dire, car je pense que chaque cas est particulier. Le temps est un concept tellement vaste que chacun peut y mettre ce qu'il veut. En la matière, je ne crois pas aux recettes. Par contre, j'ai voulu donner des outils aux gens avec mon livre, afin que chacun commence là où il veut.
Ce qui me paraît important, c'est de se donner l'opportunité d'effectuer une prise de recul sur soi. Essayer de ne pas se mentir à soi-même, regarder quel est son rapport au temps, quelles sont ses clés de lecture… Puis de voir de quelle façon on peut faire évoluer les choses avec un élément qui me paraît fondamental et valable pour tout le monde : l'indulgence.
Un des drames de notre société, c'est la culpabilité face à un développement exponentiel. Si, par exemple, vous vous sentez coupable de ne pas répondre à tous vos e-mails, dont l'augmentation est exponentielle et que vous savez ce qu'est une exponentielle en mathématiques, c'est-à-dire un nombre qui augmente très vite, vous comprenez qu'à l'impossible nul n'est tenu. Puisque cette tâche n'est pas à taille humaine, vous pouvez commencer à faire le tri en privilégiant les e-mails importants, par exemple. Il faut que les gens

comprennent le phénomène d'accélération en jeu et que cela nous dépasse tous, en intégrant que nous devons faire des choix et donc les définir sans se culpabiliser. Au final, on en revient à l'idée du sens à donner à sa vie.

Une société qui prend le temps peut-elle devenir plus durable ?

Absolument. D'ailleurs, on oublie le temps passé à consommer, alors qu'il est colossal. Chaque année, le PIB augmente plus que la population, ce qui signifie que nous consommons plus et qu'on y passe plus de temps. On se retrouve d'ailleurs souvent dans une sorte de frénésie qui consiste à acheter ce que nous n'aurons pas le temps de consommer, amenant à une frustration que nous compensons par un nouvel acte d'achat.

Or, une société qui accorderait un statut positif à des temps vides, des pauses, produirait sans doute moins d'excès. Il est intéressant de rappeler que les objets que nous accumulons finissent souvent par tomber en panne, que nous n'avons pas le temps de les réparer ou les faire réparer. Dans ce système, il devient plus simple de les racheter, avec toutes les conséquences que cela implique sur les ressources naturelles. J'estime d'ailleurs qu'il y a une forme d'hypocrisie à vouloir répandre notre système partout sur la planète, car si tout le monde consommait comme nous, cela serait intenable du point de vue des ressources naturelles.

Parlez-vous du temps avec vos élèves de CM1 ?

Oui, et ce sont eux qui ont le plus à nous apprendre ! Notamment car ils sont comme une plante qui pousse et qu'ils ont leur propre temporalité. Il y a donc quelque chose de très naturel chez l'enfant qui vous ramène à ce que j'ai tendance à voir comme fondamental, et dont la technologie nous éloigne. Et il me semble qu'aujourd'hui se pose une vraie question pour nos enfants : la technologie est en train de les emporter. À partir d'un certain âge, autour de l'entrée au collège, la technologie s'installe dans leur quotidien pour les emporter dans un flux qui risque de les éloigner de la réalité du temps, et donc de la réalité de la vie.

PRENDRE LA VIE DU CÔTÉ « SLOW »

On oppose la « slow life » au « fast living » : d'un côté, une vie fondée sur les cycles naturels, la qualité des relations humaines, le temps pour soi, et de l'autre le culte de la vitesse et de la croissance. La « slow life » n'est pas à proprement parler un mouvement structuré, il s'agit plutôt d'une contre-culture qui invite ses adeptes à redéfinir leurs priorités, leur rythme de vie.

CITTASLOW : UN RÉSEAU DE VILLES LENTES

Elles sont près de 150 villes de moins de 50 000 habitants à travers le monde à s'être regroupées en association. Leur charte édicte une série de mesures qui vont dans le sens d'un urbanisme durable (liste non exhaustive) :

- Développer les zones piétonnes
- Créer des places publiques conviviales
- Réduire les nuisances sonores et le bruit
- Protéger les traditions locales
- Développer le commerce de proximité
- Favoriser les transports en commun
- Développer le sens de l'hospitalité chez les commerçants

En France, une poignée de villes ont suivi Segonzac (Charente), qui fut la première à devenir « slow ». La commune d'un peu plus de 2 000 habitants affirme avoir « entrepris une véritable démarche d'aménagement et de développement durable [...], privilégiant la qualité de vie des citoyens et l'accueil des visiteurs ». À ce jour, seules des petites villes se sont lancées dans l'aventure du slow. Et si vous écriviez à votre maire ?

→ **www.cittaslow.fr**

SLOW FOOD : UN MOUVEMENT POUR L'ALIMENTATION ET LA BIODIVERSITÉ

L'objectif de ce mouvement international est de rendre à l'alimentation toute sa valeur et sa place dans la société par plusieurs moyens :
- En respectant les producteurs par un juste prix en rémunération de leur travail
- En respectant la nature et l'environnement, et en protégeant la biodiversité
- En valorisant les saveurs et les traditions locales issues de chaque terroir et de chaque culture

Le mouvement a été créé en Italie, en réaction à l'arrivée des fast-foods au début des années 1980. L'association française a été fondée en 1989. Pour atteindre ses objectifs, celle-ci a développé plusieurs programmes locaux, recensés sur son site Internet :
- **Sentinelles :** des groupes de petits producteurs se rassemblent pour sauver des produits alimentaires en voie de disparition. Par exemple, le petit épeautre de Haute-Provence, la poule noire d'Alsace ou encore le maïs grand roux basque
- **Arche du goût :** un catalogue des produits traditionnels en danger
- **Marchés de la terre :** un réseau international de marchés paysans
- **L'alliance des cuisiniers :** des chefs et des petits producteurs locaux engagés dans le mouvement

➜ **https://slowfood.fr**

AVEZ-VOUS BESOIN DE VOUS DÉSINTOXIQUER DE VOTRE SMARTPHONE ?

Vous seul pouvez répondre à cette question, mais prenez peut-être le temps de voir où vous en êtes. C'est paradoxalement votre smartphone qui va vous y aider...

En douceur, d'abord

L'application **Breakfree** scanne vos usages : temps d'utilisation, nombre de consultations... pour vous attribuer chaque jour un « score d'addiction ». Vous avez également la possibilité de recevoir des notifications si vous dépassez un certain temps (que vous choisissez) d'utilisation en continu. C'est un bon moyen de prendre conscience de vos habitudes et, surtout, de vous demander ce que vous pouvez bien faire deux ou trois heures les yeux rivés sur votre écran chaque jour. Étape ultime : interrogez-vous sur ce que vous pourriez faire si vous disposiez ne serait-ce que d'une heure de plus par jour...

La méthode radicale

Si votre cas vous paraît plus désespéré ou que vous êtes plutôt réceptif à la méthode forte, téléchargez **Flipd**. L'application vous propose de saisir un temps d'utilisation autorisé par jour, et pas question d'aller au-delà ! Si vous dépassez le temps imparti, votre téléphone sera tout simplement mis hors d'usage, sauf pour passer un appel d'urgence, mais pas plus de soixante secondes !

Le saviez-vous ?

Nomophobe : se dit de quelqu'un qui ne peut se passer de son téléphone portable et éprouve une peur excessive à l'idée de s'en séparer ou de ne pouvoir s'en servir.
Source : Larousse

***Phubbing* :** lorsque vous partagez un moment avec quelqu'un et que cette personne a le nez collé sur son smartphone, il vous « *phubbe* ». Le *phubbing* est une contraction des mots *phone* (« téléphone ») et *snub* (« snober »). On pourrait traduire ce terme en français par « télésnober » !

LA LENTEUR, CETTE VERTU...

Carl Honoré est journaliste, il parcourt le monde et manque de temps pour accomplir tout ce que sa brillante carrière lui impose. C'est d'ailleurs dans un aéroport qu'il a le déclic. Il est dans une file d'attente, incapable « *de ne rien faire* », quand il lit un article de journal qui l'interpelle : « Une histoire minute pour aller au lit. »

Une perspective réjouissante pour cet homme pressé, qui se voit déjà gagner quelques précieuses minutes en racontant plusieurs histoires à ses enfants en peu de temps. Ce sera toujours ça de pris. L'analyse sur son « état » est alors sans concession : « Je suis un grippe-sou armé d'un chronomètre [...]. Et je ne suis pas tout seul. »

Passé l'anecdote, l'auteur déroule ses réflexions sur le temps et la vitesse pour évoquer le goût, la ville, la santé ou encore l'amour, parmi d'autres sujets qui comptent dans la vie mais que l'on ne voit plus.

Son *Éloge de la lenteur* est devenu un best-seller traduit dans plus de vingt langues. Cela vaut le coup de prendre le temps de lire cet ouvrage accessible, pragmatique et fourmillant de nombreuses références bienvenues.

Carl Honoré, *Éloge de la lenteur. Et si vous ralentissiez ?*, Marabout, 2005

QUELQUES SITES INTERNET POUR ALLER PLUS LOIN

MANGER SAIN ET CONSOMMER RESPONSABLE
POUR VOTRE SANTÉ ET CELLE DE LA PLANÈTE

Agence française pour le développement et la promotion de l'agriculture biologique (Agence bio)
www.agencebio.org

Association pour le maintien d'une agriculture paysanne (Amap)
www.reseau-amap.org

Bon pour le climat (changer nos pratiques alimentaires afin de préserver la planète et son climat)
www.bonpourleclimat.org

Commerce équitable France
www.commercequitable.org

Institut national de la recherche agronomique (Inra)
Sur les circuits courts :
www.inra.fr/Grand-public/Economie-et-societe/Tous-les-dossiers/Circuits-courts-du-producteur-au-consommateur

Mes courses pour la planète (guide pratique en ligne de consommation responsable)
www.mescoursespourlaplanète.com

Fonds mondial pour la nature
(World Wide Fund for Nature, WWF)
www.wwf.fr/champs-daction/alimentation

TOUS POUR UN QUOTIDIEN ZÉRO DÉCHET
MOINS JETER, MIEUX JETER

Agence de l'environnement et de la maîtrise de l'énergie (Ademe)
www.ademe.fr/expertises/dechets

Carte des composteurs collectifs en France
http://jeveuxmonbacbio.org/comment/

Consignes de tri (pour savoir comment bien trier ses déchets)
www.consignesdetri.fr

Éco-Emballages (entreprise qui assure le pilotage du dispositif national de tri et de recyclage des emballages ménagers)
www.ecoemballages.fr/

Famille Zéro Déchet (blog d'une famille engagée dans la réduction des déchets)
www.famillezerodechet.com

Zero Waste France (association engagée pour la réduction des déchets)
www.zerowastefrance.org

S'HABILLER CHIC ET ÉTHIQUE EN MODE DURABLE

Agence de l'environnement et de la maîtrise de l'énergie (Ademe)
www.ademe.fr/particuliers-eco-citoyens/achats/vetements-linge-maison-chaussures

Collectif Éthique sur l'étiquette (promotion de l'émergence de nouveaux comportements économiques pour un meilleur respect des droits économiques et sociaux fondamentaux au travail dans les pays du Sud)
http://ethique-sur-etiquette.org

Ecocert (organisme de contrôle et de certification)
Sur la certification des textiles :
www.ecocert.com/textile-biologique-et-ecologique

Éco TLC (Éco-organisme du textile, du linge et de la chaussure)
www.ecotlc.fr

Origine France Garantie (label certifiant que le produit est majoritairement fabriqué en France)
www.originefrancegarantie.fr

S'ÉCLAIRER ET SE CHAUFFER SANS FAIRE MONTER LA TEMPÉRATURE

Agence de l'environnement et de la maîtrise de l'énergie (Ademe)
Sur le chauffage : **www.ademe.fr/particuliers-eco-citoyens/habitation/bien-gerer-habitat/chauffage-climatisation**

Changeons d'énergie (comparateur d'offres d'électricité renouvelable)
www.changeonsdenergie.com

Label Financement participatif pour la croissance verte (pour certifier des projets de levées de fonds impliqués dans la transition énergétique)
http://financeparticipative.org/label-croissance-verte/

Réseau de transport d'électricité (RTE)
www.rte-france.com

SE DÉPLACER EN MODE ÉCOLO ET SE DÉSINTOXIQUER DE LA VOITURE

Agence de l'environnement et de la maîtrise de l'énergie (Ademe)
Sur la pollution de l'air : **www.ademe.fr/particuliers-eco-citoyens/pollution-lair/pollution-lair**

PREV'AIR (plateforme publique de prévision de la qualité de l'air)
www2.prevair.org

S'INFORMER SANS SE FAIRE MANIPULER ET Y VOIR CLAIR

Check News (moteur de recherche géré par des journalistes de *Libération*)
https://liberation.checknews.fr

Decodex (site du journal *Le Monde* permettant de vérifier les informations qui circulent sur Internet)
www.lemonde.fr/verification/

ÊTRE UN CITOYEN ACTIF
POUR REPRENDRE SON DESTIN EN MAIN

Centre de recherches politiques de Sciences Po (Cevipof)
www.cevipof.com

Nos députés/Nos sénateurs (observatoire citoyen de la vie parlementaire)
www.nosdeputes.fr/www.nossenateurs.fr

Service public (calendrier des élections en France)
www.service-public.fr/particuliers/vosdroits/F1939

PRENDRE SON TEMPS
ÊTRE LIBRE POUR SOI ET POUR LES AUTRES

Laissez tomber Internet. ;-)

AB

REMERCIEMENTS

Dans un désordre assumé, avec sans doute quelques oublis involontaires ou pas, merci à :

- Anne-Julie Bémont pour sa confiance et son enthousiasme dès les premiers pas ;
- Jean-Jacques Goldman pour son soutien sans faille et son inspiration si précieuse ;
- Allain Bougrain-Dubourg pour sa générosité ;
- ainsi qu'à Laurence Bloch, Yann Chouquet, Patricia Martin, Éric Delvaux, Dorothée Barba, et tous mes collègues de France Inter pour leur bienveillance.

Sans oublier le concours indispensable de Thomas Bout, Nathalie Chevalier, Nat Mikles, Léa Thévenot, Flore Berlingen, Ludovic Bu, Bruno Lhoste, David Marchal, Gilles Vernet, Anne-Sophie Novel, Emmanuelle Vibert, Romain Slitine, Émilie Melloni-Mequar, Clémence Demesme et Mélody Mourey… pour donner vie à ce livre.

Aucun mot ne suffit à exprimer ma reconnaissance à Stéphanie, Augustin, Laura et Rose, sans lesquels rien n'aurait été possible.

J'ai également une pensée émue pour Germy et Maurice qui m'accompagnent dans cette aventure depuis le début.

Enfin, un grand merci à vous qui tenez ce guide entre vos mains. S'il vous fait gagner un peu de liberté, j'aurai réussi mon pari ! #TousActeurs

CONCEPTION GRAPHIQUE ET MISE EN PAGE
Thierry Sestier

ILLUSTRATIONS ET BANDES DESSINÉES
Nat Mikles

RELECTURE
Delphine Bourgoin, Julie Valet, Camille Lhomme et Nolwenn Veillard

ÉDITION
Nathalie Chevalier

Le papier de cet ouvrage est composé de fibres naturelles,
renouvelables, recyclables et fabriquées à partir de bois provenant de forêts gérées durablement.

N° d'impression : 18483180502
Imprimé en France par la Sepec
en juin 2018

PEFC 10-31-1470 / **Certifié PEFC** / Ce produit est issu de forêts gérées durablement et de sources contrôlées. / pefc-france.org